Tocados pelo mistério de Deus-Amor

uma introdução à liturgia

SÉRIE PRINCÍPIOS DE TEOLOGIA CATÓLICA

Tocados pelo mistério de Deus-Amor

uma introdução à liturgia

Felipe Sérgio Koller

Rua Clara Vendramin, 58 . Mossunguê
CEP 81200-170 . Curitiba . PR . Brasil
Fone: (41) 2106-4170
www.intersaberes.com
editora@intersaberes.com

Editora-chefe
Lindsay Azambuja

Gerente editorial
Ariadne Nunes Wenger

Assistente editorial
Daniela Viroli Pereira Pinto

Preparação de originais
Entrelinhas Editorial

Edição de texto
Camila Rosa
Arte e Texto Edição
e Revisão de Textos
Gustavo Piratello de Castro

Capa e projeto gráfico
Iná Trigo (*design*)
Tatiana Kasyanova/Shutterstock
(imagem)

Diagramação
Estúdio Nótua

Equipe de *design*
Iná Trigo
Charles L. da Silva
Mayra Yoshizawa

Iconografia
Celia Kikue Suzuki
Regina Claudia Cruz Prestes

1ª edição, 2018.

Foi feito o depósito legal.

Dados Internacionais de Catalogação na Publicação (CIP)
(Câmara Brasileira do Livro, SP, Brasil)

Koller, Felipe Sérgio
Tocados pelo mistério de Deus-Amor: uma introdução à liturgia/Felipe Sérgio Koller. Curitiba: InterSaberes, 2018.
(Série Princípios de Teologia Católica)

Bibliografia.
ISBN 978-85-5972-748-7

1. Igreja Católica – Liturgia – História 2. Liturgia – Igreja Católica 3. Palavra de Deus (Teologia) 4. Teologia – Estudo e ensino I. Título. II. Série.

18-15865 CDD-264.02

Índices para catálogo sistemático:
1. Liturgia: Espiritualidade: Igreja Católica: Cristianismo 264.02

Iolanda Rodrigues Biode – Bibliotecária – CRB-8/10014

Sumário

Apresentação

A constituição apostólica *Sacrosanctum Concilium*, do Concílio Vaticano II, dispõe que "a liturgia é simultaneamente a meta para a qual se encaminha a ação da Igreja e a fonte de onde promana toda a sua força" (SC, n. 10). Poucas expressões poderiam sublinhar de maneira tão forte o lugar central que a liturgia ocupa na vida da Igreja. Buscar uma compreensão aprofundada sobre a realidade da liturgia não é, pois, algo que deveria se resumir a uma formação técnica para aqueles que presidem as celebrações – os ministros ordenados – e as equipes de liturgia. Compreender melhor o significado de *liturgia* é fundamental para o entendimento da fé que professamos e vivemos.

Neste livro, estamos a serviço disso. Para tanto, conduziremos você, leitor, pela grandeza da liturgia, de modo que a sua compreensão sobre alguns aspectos da realidade celebrativa da Igreja se expanda. Não temos como objetivo apontar as normas litúrgicas nem discorrer sobre aspectos técnicos da celebração, e sim abordar aquilo que está antes disso tudo: temas como a natureza própria da liturgia e o seu lugar na nossa vida, a experiência celebrativa, a dimensão sacramental da fé e a modalidade da presença de Cristo na Igreja. Essas questões não serão tratadas isoladamente, uma vez que são aspectos de uma mesma realidade: a liturgia compreendida como o lugar do encontro, o espaço de intimidade com o mistério em que recebemos o toque palpável de Deus-Amor, por meio dos sinais sensíveis que compõem a celebração.

Na Parte I, apresentamos alguns **fundamentos** para que você possa compreender os conteúdos que serão trabalhados no decorrer deste livro. Nos dois primeiros capítulos, trazemos informações básicas sem as quais tudo o que se diz sobre a liturgia fica malcolocado, já que é preciso conhecer sua natureza, assunto do Capítulo 1, e seu lugar na vida da Igreja, temática que será tratada no Capítulo 2. Em seguida, no Capítulo 3, apresentamos um panorama do desenvolvimento da liturgia, sobretudo do rito romano, no decorrer da história, o que também é fundamental para compreender aquilo que a liturgia é nos dias de hoje. Na Parte II, detemo-nos na **celebração litúrgica**: no Capítulo 4, abordamos os agentes da celebração, Deus e seu povo – além da pluralidade de ministérios da qual este último é composto. Depois, no Capítulo 5, tratamos da sua, por assim dizer, "matéria-prima", dos sinais e das palavras; e, por fim, no Capítulo 6, versamos sobre sua relação com o tempo e o espaço.

Esperamos que o conteúdo deste livro suscite reflexões sobre a sua experiência litúrgica e a de sua comunidade, para que assim você possa penetrar mais profundamente no mistério de Cristo, na páscoa e na vida. E que aquilo que diz o Concílio Vaticano II possa ser realidade na sua vida e na de sua comunidade: viver a liturgia como fonte e meta de nossa caminhada com Cristo.

Organização didático-pedagógica

Esta seção tem a finalidade de apresentar os recursos de aprendizagem utilizados no decorrer da obra, de modo a evidenciar os aspectos didático-pedagógicos que nortearam o planejamento do material e como o aluno/leitor pode tirar o melhor proveito dos conteúdos para seu aprendizado.

Vimos que a presença de Cristo na Igreja se dá de maneira mais explícita na liturgia. Contudo, ele também está presente fora do âmbito da liturgia: na união fraterna, na pregação, no serviço da caridade. O Concílio Vaticano II afirma que a liturgia "não esgota toda a ação da Igreja" (SC, n. 9). Ao mesmo tempo, porém, dispõe que ela é "a meta para a qual se encaminha a ação da Igreja e a fonte de onde promana toda a sua força" (SC, n. 10). Diz ainda que a liturgia é "a primeira e necessária fonte" do espírito verdadeiramente cristão (SC, n. 14).

Introdução do capítulo

Logo na abertura do capítulo, você é informado a respeito dos conteúdos que nele serão abordados, bem como dos objetivos que o autor pretende alcançar.

Síntese

Liturgia é um termo grego que significa algo como "serviço público". A tradução grega do Antigo Testamento usou essa palavra para se referir ao serviço dos sacerdotes no templo de Jerusalém. Em Atos dos Apóstolos (13,2), Lucas usa esse termo para designar o culto cristão. Com isso, indica uma equiparação desse rito com o culto do templo, que caducou com a morte e ressurreição de Cristo. Dizemos que a liturgia é a celebração do mistério pascal de Cristo. *Mistério* é também uma palavra grega e significa algo como "lugar da iniciação ou do conhecimento, do segredo". Paulo usa frequentemente a palavra *mistério* para designar aquela verdade que é a fonte de toda a realidade e que se expressou plenamente em Cristo. É a vontade salvífica de Deus – o seu amor –, presente em toda a criação e em toda a história. A história da salvação é inteiramente sacramental, ou seja, nela Deus se revela por meio de palavras e sinais. Ele assume a linguagem de seu povo, fazendo-se entender por gestos concretos de libertação. O mais supremo e concreto sinal de Deus-Amor é a pessoa de Jesus Cristo. Como Filho encarnado, Jesus é o sacramento por excelência. Nele, Deus revela todo o seu amor por nós. Por isso, Jesus é o verdadeiro mediador e o verdadeiro sacerdote. Ele é o mistério, o lugar do verdadeiro conhecimento de Deus. Como intervenção definitiva de Deus na história, chamamos de *páscoa* o mistério da paixão, morte, ressurreição e ascensão de Jesus, à imagem da intervenção de Deus em favor de Israel no Egito. Assim, já no século II, pelo menos, os cristãos passaram a usar o termo *mistério pascal*, pois o ponto focal de todo o mistério é a paixão, a morte, a ressurreição e a ascensão de Jesus. A sacramentalidade da ação salvífica de Deus permanece após a ressurreição e a ascensão de Jesus. Com isso, a presença de Cristo junto aos seus se tornou permanente, relacional, espiritual e pneumática e se revela por meio dos sacramentos.

37

Síntese

Você dispõe, ao final do capítulo, de uma síntese que traz os principais conceitos nele abordados.

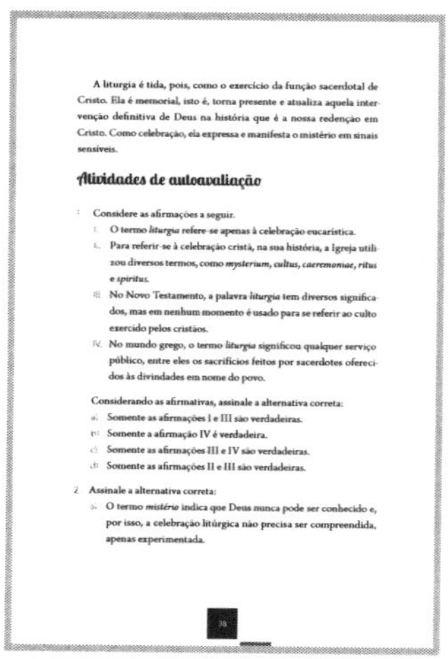

A liturgia é tida, pois, como o exercício da função sacerdotal de Cristo. Ela é memorial, isto é, torna presente e atualiza aquela intervenção definitiva de Deus na história que é a nossa redenção em Cristo. Como celebração, ela expressa e manifesta o mistério em sinais sensíveis.

Atividades de autoavaliação

1. Considere as afirmações a seguir.
   I. O termo *liturgia* refere-se apenas à celebração eucarística.
   II. Para referir-se à celebração cristã, na sua história, a Igreja utilizou diversos termos, como *mysterium*, *cultus*, *caeremoniae*, *ritus* e *spiritus*.
   III. No Novo Testamento, a palavra *liturgia* tem diversos significados, mas em nenhum momento é usado para se referir ao culto exercido pelos cristãos.
   IV. No mundo grego, o termo *liturgia* significou qualquer serviço público, entre eles os sacrifícios feitos por sacerdotes oferecidos às divindades em nome do povo.

   Considerando as afirmativas, assinale a alternativa correta:
   a) Somente as afirmações I e III são verdadeiras.
   b) Somente a afirmação IV é verdadeira.
   c) Somente as afirmações III e IV são verdadeiras.
   d) Somente as afirmações II e III são verdadeiras.
2. Assinale a alternativa correta:
   a) O termo *mistério* indica que Deus nunca pode ser conhecido e, por isso, a celebração litúrgica não precisa ser compreendida, apenas experimentada.

38

Atividades de autoavaliação

Com estas questões objetivas, você tem a oportunidade de verificar o grau de assimilação dos conceitos examinados, motivando-se a progredir em seus estudos e a se preparar para outras atividades avaliativas.

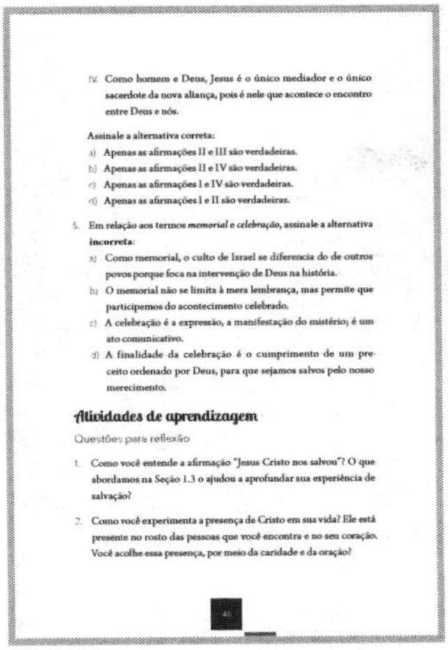

IV. Como homem e Deus, Jesus é o único mediador e o único sacerdote da nova aliança, pois é nele que acontece o encontro entre Deus e nós.

Assinale a alternativa correta:

a) Apenas as afirmações II e III são verdadeiras.
b) Apenas as afirmações II e IV são verdadeiras.
c) Apenas as afirmações I e IV são verdadeiras.
d) Apenas as afirmações I e II são verdadeiras.

5. Em relação aos termos *memorial* e *celebração*, assinale a alternativa **incorreta**:
   a) Como memorial, o culto de Israel se diferencia do de outros povos porque foca na intervenção de Deus na história.
   b) O memorial não se limita à mera lembrança, mas permite que participemos do acontecimento celebrado.
   c) A celebração é a expressão, a manifestação do mistério; é um ato comunicativo.
   d) A finalidade da celebração é o cumprimento de um preceito ordenado por Deus, para que sejamos salvos pelo nosso merecimento.

Atividades de aprendizagem

Questões para reflexão

1. Como você entende a afirmação "Jesus Cristo nos salvou"? O que abordamos na Seção 1.3 o ajudou a aprofundar sua experiência de salvação?
2. Como você experimenta a presença de Cristo em sua vida? Ele está presente no rosto das pessoas que você encontra e no seu coração. Você acolhe essa presença, por meio da caridade e da oração?

Atividades de aprendizagem

Aqui você dispõe de questões cujo objetivo é levá-lo a analisar criticamente determinado assunto e aproximar conhecimentos teóricos e práticos.

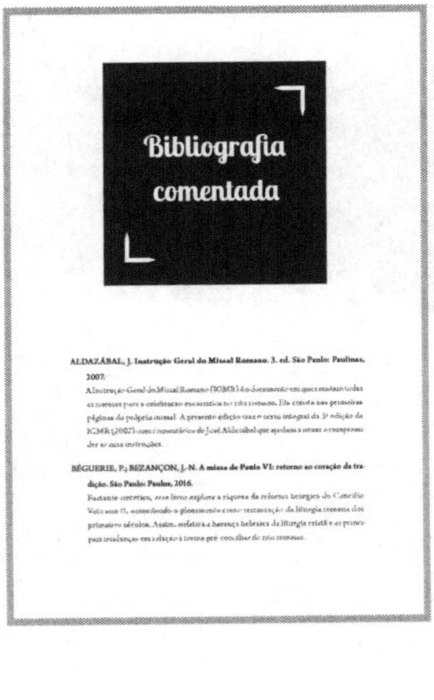

Bibliografia comentada

ALDAZÁBAL, J. Instrução Geral do Missal Romano. 3. ed. São Paulo: Paulinas, 2007.

BÉGUERIE, P.; BEZANÇON, J.-N. A missa de Paulo VI: retorno ao coração da tradição. São Paulo: Paulus, 2016.

Bibliografia comentada

Nesta seção, você encontra comentários acerca de algumas obras de referência para o estudo dos temas examinados.

Parte 1

Fundamentos

1
O mistério de Cristo e a liturgia[1]

1 Todas as passagens bíblicas utilizadas neste capítulo são citações de Bíblia (2017). As notas presentes nas citações bíblicas foram suprimidas.

Em qualquer documento eclesial ou obra de teologia que trate da liturgia, você se deparará frequentemente com a palavra *mistério*. Convém, portanto, que nos detenhamos primeiro no significado de termos como esse, pois todo o desenvolvimento do nosso estudo dependerá da compreensão dessas noções.

Assim, exploraremos o significado do termo *liturgia* para, depois, entendermos a que se refere a expressão *mistério pascal de Cristo*. Isso exigirá que nos aprofundemos nos seguintes temas: a ação salvífica de Deus na história e a presença de Cristo na Igreja. Por fim, faremos uma primeira aproximação entre dois termos importantes para a liturgia: memória e celebração.

1.1 O que significa liturgia?

Liturgia muitas vezes nos remete ao aparato externo das celebrações que a Igreja realiza. No entanto, não é nisso que está o coração da liturgia. Vamos entender de onde veio esse termo e a que ele se refere na Igreja nos dias de hoje.

A palavra *liturgia* vem do grego λειτουργία (*leitourgía*), termo composto por λειτον (*leiton*, "público", de λαός, *laós*, "povo") e ἔργον (*ergon*, "obra"). No mundo grego, a liturgia se referia ao serviço feito pelo povo ou para o povo, prestado para o bem comum, e poderia ser traduzida como "obra pública" ou "serviço público" (CIC, n. 1069; Borobio, 2009). Como, então, esse termo passou a designar a celebração cristã?

De fato, todo tipo de serviço público era denominado *liturgia*: o pagamento de impostos, o serviço militar, a organização das festas populares e das competições esportivas, a reparação de embarcações e inclusive o serviço dos sacerdotes nos templos – isso por que os sacrifícios por eles realizados eram oferecidos às divindades em nome do povo (Celam, 2005).

Por isso, quando a Bíblia hebraica – o Antigo Testamento – foi traduzida para o grego, entre os séculos III a.C. e I a.C., usou-se o termo *liturgia* para se referir ao serviço dos sacerdotes no templo de Jerusalém. No Novo Testamento, porém, esse termo significa diversas coisas. Há contextos em que significa o mesmo que no mundo grego: a coleta pública realizada por Paulo, por exemplo, é chamada de *liturgia* no original grego (2Cor 9,12) – embora aqui se possa notar um primeiro vínculo entre as noções de *liturgia* e de *caridade*. Em outros momentos, refere-se ao culto do templo de Jerusalém (Lc 1,23).

A originalidade do uso do termo no cristianismo se manifesta em outras passagens. O único momento em que se emprega a palavra *liturgia* no mesmo sentido corrente atual, isto é, para se referir à celebração cristã (Gerhards; Kranemann, 2012), é em Atos dos Apóstolos (13,2): "Celebrando eles o culto em honra do Senhor e jejuando, disse-lhes o Espírito Santo: 'Separai para mim Barnabé e Saulo, para a obra à qual os destinei'". Isso é muito significativo; ao usar essa palavra para se referir ao culto cristão, Lucas o equipara ao culto da antiga Lei mosaica. É como se ele dissesse: "Já não é aquele culto do templo de Jerusalém que vale, mas este novo culto celebrado pelos cristãos". Pela mesma razão, a Epístola aos Hebreus chama Cristo de "ministro [em grego, *liturgo*] do Santuário e *da Tenda*, a verdadeira, *armada pelo Senhor*, e não por homem" (Hb 8,2), e diz que ele detém "um ministério [em grego, *liturgia*] superior" (Hb 8,6).

Completa esse sentido outro emprego novo do termo *liturgia*, usado também para designar a própria vida cristã entendida como oferta de todo o nosso ser a Deus e ao próximo: "Mas, se o meu sangue for derramado em libação, em sacrifício e serviço [liturgia] da vossa fé, alegro-me e me regozijo com todos vós" (Fl 2,17), diz Paulo – examinaremos esse sentido, com mais detalhes, na Seção 2.1. Em outra passagem (Rm 15,16), o apóstolo também o utiliza para se referir ao seu ministério.

Esse uso do termo diz muito sobre em que consiste o culto cristão, que é culto espiritual, "em espírito e verdade" (Jo 4,24). Aprofundar-nos-emos nessas questões um pouco mais adiante, na Seção 2.1. Por enquanto, vale a pena fixarmo-nos no fato de que, como sublinha a etimologia do termo, a liturgia é obra, é ação, é algo a se fazer. Ela está na **dimensão prática**, não na dimensão teórica (Buyst; Silva, 2003). De fato, como você pôde observar, as diversas acepções desse termo na Sagrada Escritura têm isso em comum.

A palavra *liturgia*, porém, não foi o termo mais comum para designar o conjunto das celebrações cristãs no decorrer da história da Igreja.

No Oriente, seu uso se consolidou para designar apenas a celebração eucarística – ainda hoje, os cristãos orientais chamam-na de *divina liturgia*. No Ocidente, foi praticamente ignorada e só voltou a aparecer no século XVI, entre os humanistas. No século XVIII, passou a designar toda a ação celebrativa da Igreja (Gerhards; Kranemann, 2012; Celam, 2005). Foi só com Gregório XVI (papa de 1831 a 1846) que o termo passou a ser usado de maneira oficial.

No decorrer de sua história, a Igreja usou uma variedade de outros termos para se referir à celebração cristã. Observe alguns deles: *mysterium* – termo oriundo do grego *mystérion*, cujo equivalente latino, ainda que com uma nuance um pouco diferente, é *sacramentum* (ver Seção 5.1) –, *cultus, devotio, religio, caeremoniae, ritus*. Perceba que os dois últimos se referem à forma externa da celebração. Os outros expressam focos diferentes: enquanto *mysterium* e *sacramentum* referem-se à ação divina na liturgia, *cultus* e *devotio* destacam a ação humana (Gerhards; Kranemann, 2012).

A liturgia é feita de ambas as dimensões, como veremos mais detalhadamente no Capítulo 4. Evidentemente, porém, a primazia sempre está na ação de Deus, que nos amou primeiro (1Jo 4,10). Infelizmente, o Ocidente privilegiou durante muito tempo a ideia de culto, que destaca a ação humana, ou mesmo a ideia de rito, entendido como conjunto de normas. Somente com o movimento litúrgico – movimento de renovação da liturgia que antecedeu o concílio – e o Concílio Vaticano II, o foco voltou ao mistério e ao termo *liturgia* (Celam, 2005; Gerhards; Kranemann, 2012).

Na liturgia, o movimento de descida (de Deus ao povo), também chamado *catabático*, e de ascensão (do povo a Deus), *anabático*, se encontram. Portanto, a liturgia é, precisamente, um acontecimento comunicativo, um encontro (Gerhards; Kranemann, 2012), da mesma maneira que toda a história da salvação, da qual ela é memorial, celebração e atualização.

1.2 O mistério pascal de Cristo

Uma definição de liturgia que se tornou comum com o movimento litúrgico é a de que ela consiste na **celebração do mistério pascal de Cristo**. De fato, a expressão *mistério pascal* aparece oito vezes na constituição *Sacrosanctum Concilium*, do Concílio Vaticano II, e a segunda parte do *Catecismo da Igreja Católica* (CIC), que trata da liturgia, se intitula "A celebração do mistério cristão". Você vai se deparar muito com expressões como essa neste livro e sempre que fizer qualquer estudo sobre a liturgia, além de ouvi-las com frequência nas próprias celebrações. Por isso, é importante antes de tudo tratarmos um pouco sobre essa questão.

O que significa *mistério*? Essa palavra aparece nos evangelhos sinóticos (cf. Mt 13,11; Mc 4,11; Lc 8,10) relacionada ao Reino de Deus e é usada com frequência por Paulo para designar o coração do plano divino da salvação. Expressões como *mistério de Deus* (Cl 2,2), *Mistério de Cristo* (Ef 3,4; Cl 4,3), *mistério da sua vontade* (Ef 1,9), *a sabedoria de Deus, misteriosa e oculta* (1Cor 2,7), *mistério da fé* (1Tm 3,9), *mistério da piedade* (1Tm 3,16) ou simplesmente *mistério* (Rm 11,25.16,25; Cl 1,26) são empregadas pelo apóstolo para se referir, com diferentes nuances, a uma única realidade, tão profunda e multifacetada que nós, humanos, somos incapazes de descrevê-la de maneira direta e unívoca (Casel, 2009; Gerhards; Kranemann, 2012).

A palavra grega μυστήριον (*mystérion*) – de μυέω (*myéo*), "iniciar a", "fazer conhecer", e -τήριον (*-térion*), um sufixo que indica o lugar onde se desenvolve uma ação – significa a revelação daquilo que estava oculto. Usando essa palavra, Paulo refere-se à ideia, já desenvolvida pela apocalíptica judaica (cf. Dn 2,19), de um segredo escondido por Deus desde antes da criação do mundo: o segredo que está latente em toda a realidade e foi revelado plenamente em Cristo.

Por isso é tão difícil descrever em que consiste tal mistério em apenas uma palavra. Com ela, se quer expressar tudo isto: o propósito da criação, o plano de Deus, a história da salvação, a universalidade da redenção, a revelação do Pai, a encarnação do Verbo, a dádiva do Espírito, a nossa vida na Trindade – *mistério* designa a **fonte**, o **sentido** e a **unidade** de tudo isso. Se tentássemos fazer um resumo, poderíamos dizer que o mistério é a vontade salvífica de Deus – o seu amor – que está em tudo, é a própria estrutura da realidade e da história e se expressa de modo insuperável na pessoa de Jesus Cristo (CIC, n. 1066; Marsili, 2009; Casel, 2009).

Leia, a seguir, algumas passagens de Paulo referentes ao mistério. O apóstolo encerra a Epístola aos Romanos com o seguinte louvor (16,25-27):

> Àquele que tem o poder de vos confirmar
> segundo o meu evangelho
> e a mensagem de Jesus Cristo
> – revelação do mistério
> envolvido em silêncio
> desde os séculos eternos,
> agora, porém, manifestado
> e, pelos escritos proféticos
> e por disposição do Deus eterno,
> dado a conhecer a todas as nações,
> para levá-las à obediência da fé –
> a Deus, o único sábio,
> por meio de Jesus Cristo,
> seja dada a glória,
> pelos séculos dos séculos! Amém.

O hino que dá início à Epístola aos Efésios (1,3-14) expressa de modo eloquente o que o apóstolo considera o mistério de Cristo:

Bendito seja o Deus e Pai
de nosso Senhor Jesus Cristo,
que nos abençoou com toda a sorte
de bênçãos espirituais,
nos céus, em Cristo.
Nele nos escolheu
antes da fundação do mundo,
para sermos santos e irrepreensíveis
diante dele no amor.
Ele nos predestinou para sermos
seus filhos adotivos por Jesus Cristo,
conforme o beneplácito da sua vontade,
para louvor e glória da sua graça
com a qual ele nos agraciou no Amado.
E é pelo sangue deste que temos a redenção,
a remissão dos pecados,
segundo a riqueza da sua graça,
que ele derramou profusamente sobre nós,
infundindo-nos toda sabedoria e inteligência,
dando-nos a conhecer
o mistério da sua vontade,
conforme a decisão prévia que lhe aprouve tomar
para levar o tempo à sua plenitude:
a de em Cristo encabeçar todas as coisas,
as que estão nos céus e as que estão na terra.
Nele, predestinados pelo propósito
daquele que tudo opera
segundo o conselho da sua vontade,
fomos feitos sua herança,
a fim de servirmos para o seu louvor e glória,
nós, os que já antes de vós esperamos em Cristo.
Nele também vós,
tendo ouvido a Palavra da verdade
o evangelho da vossa salvação
e nela tendo crido,

fostes selados pelo Espírito da promessa,
o Espírito Santo,
que é o penhor da nossa herança,
para a redenção do povo que ele adquiriu
para o seu louvor e glória.

E na Epístola aos Colossenses (1,25-27), Paulo escreve:

> Dela [da Igreja] me tornei ministro, por encargo divino a mim confiado a vosso respeito, para levar a bom termo o anúncio da Palavra de Deus, o mistério escondido desde os séculos e desde as gerações, mas agora manifestado aos seus santos. A estes quis Deus tornar conhecida qual é entre os gentios a riqueza da glória deste mistério, que é Cristo em vós, a esperança da glória!

Esse mistério "é Cristo em vós", diz Paulo. Não são meras informações que são reveladas, mas é o próprio Deus que se autocomunica e revela a sua presença amorosa em toda a história e, consequentemente, a nossa identidade de filhos no Filho. "Ninguém jamais viu a Deus: / o Filho unigênito, / que está no seio do Pai, / este o deu a conhecer" (Jo 1,18)[1]. Aquilo que percebíamos apenas "às apalpadelas", isto é, que "nele vivemos, nos movemos e existimos" (At 17,27.28), é agora de pleno conhecimento nosso, porque em Cristo – em sua oblação sem reservas – reconhecemos que Deus é Amor (1Jo 4,16). Perceba: não só reconhecemos isso na teoria, mas fazemos, por meio de Cristo, uma experiência de Deus-Amor – conhecemo-lo no sentido de conhecer uma pessoa, não de conhecer uma ideia. Lembra-se da origem da palavra *mistério*, que remete a **lugar** e a **fazer conhecer**? O mistério – Cristo, o Filho, é precisamente o lugar, o espaço, o ambiente em que entramos no conhecimento de Deus (Marsili, 2009; Casel, 2009).

Quando recebemos o anúncio do Evangelho – do Deus-Amor, da Revelação – e experimentamos sua realidade, tudo muda: redescobrimos o rosto de Deus, que nos ama apaixonadamente desde antes da

1 Veja também 1Jo 4,12.

fundação do mundo e por isso nos chamou à existência; redescobrimos a nossa identidade, como filhos amados, desejados, esperados; redescobrimos o próximo, igualmente amado com um ardor imenso por Deus; e redescobrimos o tecido de que é constituída a vida: amor, relação, comunhão, dom (DCE, n. 1; LF, n. 15; Ratzinger, 2005; Buyst, 2011). É isso que significa ser salvo, ser redimido (SS, n. 3, 26).

Devido ao fato de que o ponto focal de todo o mistério é a paixão, morte, ressurreição e ascensão de Jesus (DCE, n. 12; SS, n. 26; LF, n. 15-18; Buyst, 2011), muito cedo se consolidou na Igreja o uso da expressão *mistério pascal*. Em sentido estrito, ela se refere a esses eventos da vida de Jesus, e, em sentido amplo, recapitula todo o único mistério de Cristo, já presente no mundo desde a criação (Marsili, 2009; Celam, 2005; Buyst, 2011). O registro mais antigo dessa expressão é uma homilia do bispo Melitão de Sardes (1--?-180?), na qual ele de fato recapitula em Cristo, a quem chama de *mistério pascal*, toda a história da salvação.

Páscoa é o termo usado por Israel para se referir ao rito celebrado na primeira lua cheia da primavera e, por extensão, ao cordeiro imolado nessa ocasião (Ex 12,1-28). Esse rito é a memória da libertação da escravidão do Egito, ou seja, evoca a lembrança de que Deus intervém, está ao lado de seu povo, liberta-o e salva-o. Por isso, o Novo Testamento assumiu o termo *páscoa* para se referir àquela intervenção definitiva de Deus em Cristo, que verdadeiramente nos libertou, e ao próprio Cristo (1Cor 5,7), na condição de cordeiro imolado na cruz (Celam, 2005).

Com a referência à páscoa, a expressão *mistério pascal* ganha uma conotação de dinamismo, de movimento, já que a páscoa é precisamente a **passagem** da morte à ressurreição, da escravidão à liberdade. É uma noção mais expressiva do que *redenção*, um conceito teológico, intelectual. *Mistério pascal* evoca a sensibilidade e refere-se à realidade última latente em toda a história. Além disso, acentua, mais do que um momento de redenção, a travessia gradual, pelo amor, das trevas para a luz – refletindo de modo mais adequado o dinamismo da nossa própria libertação em Cristo (Celam, 2005; Gerhards; Kranemann, 2012; Ratzinger, 2015; Buyst, 2011).

Os Padres da Igreja empregaram o termo *mistério* também para se referir às **ações salvíficas**, isto é, aos eventos da história da salvação – da mesma maneira como o usamos no rosário. Justamente porque essas ações se tornam presentes na liturgia, *mistério* passou a designar ainda os ritos cristãos, lado a lado com a palavra *sacramento*. Enquanto *mysterium* aponta para a realidade salvífica e escatológica da celebração, que está velada, *sacramentum* acentua a sua realidade histórica e sensível (Celam, 2005; Gerhards; Kranemann, 2012).

1.3 A ação salvífica de Deus na história

O mistério se expressa de maneira sacramental, isto é, através de sinais sensíveis. Essa lógica está presente em toda a história da salvação. É importante a revisitarmos desde essa perspectiva, porque a liturgia é precisamente a continuidade dessa presença atuante do mistério por meio de sinais.

Como vimos, o núcleo do mistério, a essência de toda a realidade, é o amor de Deus, ou melhor, é **Deus-Amor**. O amor da Trindade transborda em nossa criação, a qual é um chamado a participar da vida de Deus (CIC, n. 1). Tudo aquilo que a Igreja anuncia e ensina tem como objetivo comunicar esse amor que não acaba, no qual está nossa origem e nosso fim (CIC, n. 25).

Desde o princípio, Deus nos ofereceu o seu amor e chamou-nos à familiaridade, à intimidade e à comunhão com ele. Essa partilha de vida é simbolizada na alegoria da criação pelo jardim, onde Deus "passeava [...] à brisa do dia" (Gn 3,8). Esse relato (Gn 2,4-3,24) nos aponta que, justamente porque nos ama, Deus nos deixa livres até mesmo para nos opormos ao seu amor. O pecado das origens, aquele que nega a nossa própria vocação de filhos e filhas de Deus e que desencadeia todo outro mal, é a nossa falta de confiança no amor de Deus. É essa desconfiança que o inimigo da natureza humana procura semear em nosso coração, fazendo-nos crer que o Criador é como que um tirano, um rival (Gn 3,5).

O inimigo alcança seu objetivo e instala no coração humano o medo de Deus (Gn 3,10). A história da salvação é precisamente o empenho de Deus para revelar de modo inequívoco o seu amor misericordioso e incondicional, arrancando do nosso coração a desconfiança e o medo (ES, n. 41-43; LF, n. 8-18; MV, n. 7; Bonowitz, 2013; Casel, 2009; Marsili, 2009; Ratzinger, 2015).

Trata-se de uma revelação gradual, progressiva, porque o seu objetivo não é a adesão externa a uma verdade teórica (o que poderia ser feito de uma hora para a outra), mas sim a **experiência viva do amor** (saída de si mesmo rumo a uma comunhão cada vez mais total, o que requer tempo, como em qualquer relacionamento). Por isso, nesse caminho de revelação, Deus se abaixa humildemente e fala a nossa língua. Não tem receio de, por assim dizer, sujar as mãos para se fazer entender. Se Israel tem a cabeça tão dura a ponto de só começar a compreender o seu amor se ele se coloca ao seu lado, garantindo sua vitória nas batalhas, então Deus se submete à sua lógica para conseguir se comunicar e pouco a pouco transformá-la desde dentro.

Fica claro que Deus não se revela somente através de palavras, mas também de obras que, explicitadas pelas palavras, tornam-se **sinais**. Na verdade, a revelação realiza-se por meio de ações e palavras intimamente relacionadas entre si, de tal maneira que as obras, realizadas por Deus na história da salvação, manifestam e confirmam a doutrina e as realidades significadas pelas palavras; e as palavras, por sua vez, declaram as obras e esclarecem o mistério nelas contido. (DV, n. 2)

Precisamente por revelarem e comunicarem o seu amor misericordioso, essas obras são salvíficas e fazem da história da relação entre Deus e Israel uma história de salvação (MV, n. 7). É, portanto, uma **história sacramental**, isto é, feita de gestos que, ao mesmo tempo, são sinal e instrumento do seu amor.

O chamado de Abraão, a eleição de Israel, a sua libertação da escravidão no Egito, as palavras e as obras dos profetas: em todos esses sinais – realizados em favor de um povo infiel, ou seja, por pura gratuidade – Deus se revela "lento para a cólera, cheio de amor e fidelidade" (Sl 86(85),15) e mostra que "o seu amor é para sempre!" (Sl 118(117), 1), que ele nunca se esquece do seu povo (Is 49,15) e nunca o abandona. As entranhas de Deus se comovem e seu coração se contorce (Os 11,8); ele chega a se voltar contra si próprio (DCE, n. 10), mas permanece fiel à sua natureza: ele é Deus, e não um homem (Os 11,9) – por isso, é misericórdia e amor, e não vingança nem condenação.

Ainda assim, Israel desconfia do seu amor, mas Deus não desiste. Diante de nossa infidelidade, ele permanece fiel (2Tm 2,13) e desejoso de nos fazer conhecer o mistério do seu amor. le dá, então, como que uma cartada final; dá tudo aquilo que pode dar, não retém nada para si. Por amor e para que conhecêssemos o seu amor, ele se deu a si mesmo, dando-nos o seu Filho (Jo 3,16). O Filho eterno se fez humano, de carne e osso, com uma inteligência humana e sentimentos humanos, com um coração humano, frágil e mortal em sua humanidade. E o Filho, Jesus, aderiu de tal maneira à vontade do Pai que fez de sua vida uma manifestação plena do seu amor. Jesus é o sacramento por excelência: ele é o mais supremo e concreto sinal de Deus-Amor.

Expressando o amor sem reservas de Deus, Jesus entrega-se incondicionalmente e aceita todas as consequências do amor. É nessa chave que precisamos entender a sua morte. Para nos ajudar nisso, vamos recorrer ao testemunho de alguns santos, que se configuraram de tal modo a Cristo que imprimiram em suas vidas a marca do seu amor.

O Beato Stanley Francis Rother (1935-1981) foi um padre norte-americano que atuou como missionário na Guatemala de 1968 até o dia de sua morte. Ele se identificou completamente com o povo que estava sob seu cuidado. Quando, em 1980, grupos paramilitares a serviço de uma limpeza étnica deram início a uma onda de violência contra a sua comunidade, Rother não recuou, mesmo ciente de que tinha sido jurado de morte pelos agressores. Ele chegou a visitar sua cidade, Oklahoma, em janeiro de 1981, mas pediu ao seu bispo para retornar à Guatemala. Seu irmão o questionou sobre o porquê de ele querer voltar, visto que os grupos paramilitares o estavam esperando para matá-lo. Rother respondeu: "Bem, um pastor não pode fugir do seu rebanho" (Jackson, 2018, tradução nossa). Ele voltou em abril, a tempo de celebrar a páscoa, e foi assassinado em julho.

No Brasil, temos o testemunho da Beata Lindalva Justo de Oliveira (1953-1993). A leiga consagrada potiguar, membro da companhia das Filhas da Caridade, trabalhava em um asilo de Salvador havia dois anos quando a casa, a pedido de um político, acolheu um homem de 46 anos. Ele começou a assediar a irmã Lindalva e lhe fazia propostas inconvenientes e ameaças. As irmãs sugeriram que Lindalva se afastasse do asilo e pedisse para ser transferida para outra obra da companhia. A consagrada, porém, repleta de amor pelos 40 idosos de que cuidava, respondia: "Prefiro que meu sangue seja derramado a afastar-me daqui" (Passarelli, 2011, p. 65). Até que, na manhã da sexta-feira da paixão de 1993, o homem, que tinha comprado uma peixeira na segunda-feira anterior, esfaqueou Lindalva até a morte.

Esses dois testemunhos de oferta da vida nos ajudam a entender o que significa a morte de Jesus. Ela testemunha a plena fidelidade de Deus-Amor à humanidade. É como se Deus dissesse: "Eu vou ficar ao lado do meu povo custe o que custar! Não lhe voltarei as costas, não desistirei dele. Sequer responderei à sua infidelidade com a condenação ou a vingança. O meu coração permanecerá aberto a cada um de meus filhos mesmo que isso me custe a morte". Em suma, "Ninguém tem maior amor / do que aquele que dá a vida por seus amigos" (Jo 15,13).

Diante da possibilidade da morte, assim como Rother e Lindalva (e é claro que aqui, por didática, estamos invertendo os papéis, porque foram eles que agiram à luz do agir de Cristo, e não o contrário), Jesus de Nazaré poderia, em tese, ter recuado. Como homem, ele tinha liberdade para isso, e como Filho de Deus, tinha poder para tanto (Jo 10,18; Mt 26,53). Tal atitude seria, porém, uma negação do seu próprio ser divino, porque ele é amor, e a falência de sua missão humana. Ele teria deixado de manifestar o Pai, de ser seu sacramento.

Isso porque recuar seria dizer que o amor de Deus por cada um de nós é limitado, tem condições; não é, afinal, verdadeiro. Seria corroborar a tese do inimigo da natureza humana: Deus não está verdadeiramente interessado em nosso bem, não nos ama de verdade, só quer dominar sobre nós; no fim das contas, estamos perdidos e não somos amados.

É por isso que o Cristo é o ponto focal de toda a história da salvação, é a sua plenitude, é a intervenção definitiva de Deus, a revelação do mistério. Ele nos revela de forma inequívoca, plenamente fiável, que Deus é amor. Se antes poderíamos ter alguma dúvida disso e permanecer no medo e na desconfiança, isso já não é possível. Deus deu tudo aquilo que poderia dar. Se conhecemos o amor, somos redimidos, salvos, e nossa vida – e a do próximo – tem sentido, é preciosa (DCE, n. 10, 17, 39; SS, n. 26-27; LF, n. 15-18; MV, n. 1, 8). Somos amados – já não precisamos de mais nada. É a constatação de Paulo, quase abobado diante de tal mistério de amor:

> Depois disto, que nos resta dizer? Se Deus está conosco, quem estará contra nós? Quem não poupou o seu próprio Filho e o entregou por todos nós, como não nos haverá de agraciar em tudo junto com ele? Quem acusará os eleitos de Deus? É Deus quem justifica. Quem condenará? Cristo Jesus, aquele que morreu, ou melhor, que ressuscitou, aquele que está à direita de Deus e que intercede por nós? [...]
>
> Pois estou convencido de que nem a morte nem a vida, nem os anjos nem os principados, nem o presente nem o futuro, nem os poderes, nem a altura, nem a profundeza, nem qualquer outra criatura poderá nos separar do amor de Deus manifestado em Cristo Jesus, nosso Senhor. (Rm 8,31-34.38-39)

É por isso que a cruz é um símbolo tão central para o cristianismo. Nela, o que realmente importa não é a dor ou a destruição sacrificial, mas a entrega total, que revela de modo máximo o amor de Deus. Só enquanto se insere em um horizonte de entrega de amor, de existência "em prol de", é que a dor tem algum valor – ou, melhor dizendo, comunica algo, tem algum sentido (Ratzinger, 2005, 2015). O que importa verdadeiramente é a liberdade de Jesus – manifestada na última ceia, com a entrega prévia de seu corpo e do seu sangue "por vós e por todos" – em transformar a violência em amor (Bento XVI, 2005b; Buyst, 2011), integrando a sua morte ao testemunho de sua vida e fazendo de toda ela um sinal (Jo 6,27).

Com isso, espero que tenha ficado claro não só, de modo mais desenvolvido, em que consiste o mistério pascal de Cristo, mas também a estrutura sacramental de sua atuação. Deus se revela por meio de sinais sensíveis – gestos concretos, cujo sentido é explicitado pelas palavras que os acompanham. Isso vale para toda a criação, que já é sinal primordial de Deus-Amor; para o Antigo Testamento, em que Deus, progressivamente, por meio de palavras e gestos, revela-se como amor (Marsili, 2009); para a pessoa de Jesus Cristo, que em toda a sua vida, culminando com a sua morte e ressurreição, revela-se como o sacramento do Pai, manifestação de amor tão concreta que pode ser ouvida, vista, apalpada (1Jo 1,1-3); e também para a Igreja, sacramento de Cristo e da "íntima união com Deus e da unidade de todo o género humano" (LG, n. 1) (ver Seção 5.1).

1.4 A presença de Cristo na Igreja pelo Espírito Santo

Com a sua ressurreição e ascensão, Cristo inaugurou um novo modo da sua presença no mundo. Ele "está sempre presente na sua igreja, especialmente nas ações litúrgicas" (SC, n. 7). De fato, ele mesmo havia dito que estaria conosco "todos os dias, até a consumação dos séculos" (Mt 28,20) e que, onde dois ou três estivessem reunidos em seu nome, ele estaria no meio deles (Mt 18,20). Vale a pena nos determos um pouco para considerar de que maneira isso ocorre.

As palavras de Jesus em Mateus (18,20) evocam um dito rabínico corrente no seu tempo que dizia assim: "Se duas pessoas estão reunidas sem falar da Torá, é uma reunião de zombadores. Mas se duas pessoas estão reunidas e falam da Torá, a *shekinah* (a glória de Deus e a manifestação de sua presença) habita no meio delas" (Castellano, 2008, p. 138-139). De fato, no mistério da pessoa de Jesus chega ao ápice a presença de Deus no meio do seu povo, já manifestada por diversos sinais no Antigo Testamento. Ele é a nova e verdadeira tenda (Jo 1,14), o novo e verdadeiro templo (Jo 2,19).

Com a sua ressurreição, a sua presença junto aos seus se tornou permanente. Ele está verdadeiramente vivo – a morte não teve poder sobre Jesus, porque, na oblação de sua vida, ele confiou totalmente em seu Pai eterno (Ratzinger, 2005). É claro que, diferentemente de Lázaro, por exemplo, Jesus não ressuscitou para voltar a viver a sua vida meramente biológica. Para além de um acontecimento histórico, a sua ressurreição é um evento escatológico: ele ressuscitou para a vida definitiva. A semente de seu corpo chagado e crucificado germinou um corpo completamente espiritual, relacional, pneumático. Vamos entender cada uma dessas expressões.

Espiritual porque seu corpo já não é mais delimitado de modo físico (Castellano, 2008; Ratzinger, 2012). Ele entrou em outro modo de existência. Assim, totalmente espiritual significa também totalmente **relacional**: o Ressuscitado se faz presente a quem está aberto à sua presença. Sua presença é sempre uma presença-para-o-outro. Nessa nova existência, distância e proximidade não são medidas em metros, mas em intimidade, abertura, comunhão (Castellano, 2008; Ratzinger, 2012). De fato, não é assim em nossas relações?

Essa presença do Ressuscitado pela relação interpessoal, longe de ser um simples sentimento subjetivo, se dá no Espírito Santo, de maneira objetiva (Castellano, 2008; Gerhards; Kranemann, 2012). Por isso, dizemos que esse corpo é ***pneumático*** (do grego *πνεύμα*, *pneuma*, que significa "sopro", "espírito"). O Ressuscitado está plenamente encharcado do Espírito: é, mais do que nunca, o Cristo, o Ungido! A unidade entre o Ressuscitado e o Espírito é tão intensa que Paulo não se nega a dizer que "o Senhor é o Espírito" (2Cor 3,17). O reconhecimento da sua presença, portanto, se dá no Espírito Santo – que é sempre aquele em quem se dá a experiência de Deus (CIC, n. 1092).

As aparições de Cristo após a ressurreição são precisamente o seu modo de iniciar a sua Igreja nessa nova modalidade de sua presença. Jesus já não é reconhecido pela aparência externa, mas quando se abrem os olhos da fé. Por isso, falamos propriamente de "aparições" (Castellano, 2008; Ratzinger, 2005). A partir da ascensão, a intermitência das aparições cessa, mas a presença do Ressuscitado permanece, agora totalmente interiorizada. Sua presença junto aos seus já não depende da proximidade física, e sim da abertura da fé.

Para Leão Magno (papa de 440 a 461), a partir da ascensão, "o que no nosso Salvador era visível, passou para os seus mistérios" (citado por CIC, n. 1115). Devido a isso e ao que dissertamos sobre as aparições do Ressuscitado, o tempo pascal é chamado, na Antiguidade Cristã e no Ritual de Iniciação Cristã de Adultos, de *tempo da mistagogia* – tempo da iniciação ao mistério. A páscoa é o momento de aprender a descobrir a presença do Ressuscitado nos sinais sacramentais (Castellano, 2008), o que também nos educa para um novo sentido sacramental, capaz de perceber a presença do mistério em toda a realidade (LF, n. 40; Buyst, 2011).

Isso fica ainda mais evidente na narração da aparição aos discípulos de Emaús (Lc 24,13-35). Cléofas e o outro discípulo reconhecem Jesus na fração do pão, depois de ter sentido o coração arder ao ouvir de sua boca a Escritura. Esse relato deixa claro que é na liturgia, de maneira especial, que Jesus se dá a conhecer e se torna palpável (Ratzinger, 2005; LF, n. 31). A presença do Ressuscitado enche o mundo e atua por toda a parte, mas é na liturgia que ela é desvelada e que o mistério se expressa de forma explícita (Buyst, 2011).

Na liturgia, a sua presença se manifesta por toda a parte: na assembleia, nos ministros, na palavra, na oração, nos sacramentos e, sobretudo, nas **espécies eucarísticas** (SC, n. 7). Lembra-se de que, quando apresentamos as concepções do termo *liturgia*, falamos sobre os dois movimentos que a constituem, isto é, a ação de Deus dirigida ao seu povo e a ação do povo dirigida a Deus? Em Cristo, essas duas dimensões estão unidas, porque ele é homem e Deus, é nosso mediador

(1Tm 2,5) e é o único sacerdote da nova aliança (Hb 10,21). Uma vez ressuscitado pelo Pai, "a oração do homem Jesus é agora uma só coisa com o diálogo intratrinitário do amor eterno" (Ratzinger, 2015, p. 41). Por isso, a Igreja prefere definir a liturgia como "o exercício da função sacerdotal de Cristo" (SC, n. 7).

Poderíamos dizer: "É em Cristo que acontece a liturgia" ou "A nossa liturgia é Cristo". É no espaço do mistério de sua pessoa que nós tocamos a Deus. Nós fomos feitos membros do seu corpo, pelo batismo na água e no Espírito; somos pedras vivas do templo espiritual que é Cristo. É em Cristo, cabeça e corpo unidos pelo Espírito, que a liturgia (o serviço do povo e ao povo) e o mistério (o lugar do conhecimento de Deus) acontecem. Como membro de Cristo pelo Espírito, todo cristão está inserido em sua função sacerdotal e dela participa. Por isso, a liturgia não é assunto apenas dos ministros ordenados. É todo o povo de Deus, "*uma Realeza de Sacerdotes*" (Ap 1,6), que celebra o mistério (CIC, n. 1140). Desenvolveremos isso mais adiante, na Seção 4.2.

Nosso ponto de partida para esse assunto foi a pergunta: Como Cristo está presente na Igreja e na liturgia? Agora, no fim desse percurso, diante do que estudamos, a pergunta que sobra é: Como ele não estaria? A Igreja, e mais especificamente a liturgia, é o prolongamento da ação salvífica de Deus, que sempre ocorre sacramentalmente, isto é, por meio de sinais sensíveis – seja no Antigo Testamento, seja na vida de Jesus de Nazaré, seja em sua atual modalidade de presença na Igreja. Veja: Cristo está realmente presente na Igreja. A Igreja é seu corpo – sua modalidade de expressão, uma só coisa com ele. Ele não está em outro lugar qualquer, em outra dimensão, de forma a apenas projetar a sombra de sua presença na liturgia. Não: é precisamente ali que, pelo Espírito, o Ressuscitado está, age e se manifesta.

1.5 A liturgia, memorial e celebração do mistério de Cristo

Vamos agora nos deter em duas palavras que também caracterizam a liturgia cristã: *memorial* e *celebração*. O mistério de Cristo se faz presente na liturgia ao modo de memorial (Gerhards; Kranemann, 2012). O **memorial** é uma categoria ritual própria de Israel. Em Êxodo (12,14), chama-se precisamente de *memorial* a festa da páscoa. Trata-se de fazer memória da libertação operada por Deus na história, mas não se limitando à simples lembrança: a participação no rito celebrado permite a participação no evento recordado (Buyst; Silva, 2003; Flores, 2006; Ratzinger, 2012).

O memorial é a diferença decisiva entre o culto praticado por Israel e o culto dos outros povos ao seu redor. Enquanto os outros cultos se centravam na noção de *morte e renascimento* contínuos do cosmos – o eterno retorno –, o culto de Israel gira em torno da intervenção de Deus em seu favor na história, na fé de que ele permanece presente e atuante no nosso caminho (Ratzinger, 2012).

A memória permaneceu no centro da liturgia cristã, como fica evidente pelas palavras que estão no seu coração, as de Jesus na última ceia: "Fazei isto em minha memória" (Lc 22,19)[2]. A memória litúrgica é o meio adequado para se transmitir o mistério: não é memória de um conteúdo teórico, e sim memória encarnada de uma experiência que não passa e da qual se pode participar (LF, n. 40; CIC, n. 1085). É uma memória viva: é o próprio Espírito Santo (CIC, n. 1099) presente em cada evento de salvação e na Igreja.

Por isso, todos os sacramentos contêm uma **anamnese**, isto é, precisamente um agradecimento à memória no Espírito da salvação

2 Veja também 1Cor 11,25.

já realizada, unida a uma **epiclese**, o pedido ao Senhor para que o Espírito torne a salvação presente naquela celebração. Na Seção 6.1, aprofundaremos a característica da liturgia como memorial.

Chegamos à outra palavra importante: ***celebração***. O memorial é celebrado, o mistério é celebrado. Se o mistério é o conteúdo da liturgia, a celebração é a sua forma. Celebrar o mistério é, em primeiro lugar, expressá-lo, manifestá-lo e, assim, atualizá-lo (SC, n. 2), precisamente por meio de sinais sensíveis, tornando-o eficaz para nós nos dias de hoje. Essa é a razão de ser da liturgia (Celam, 2004, 2005; Buyst, 2011).

Não se trata de cerimonialismo. A liturgia não é "cerimonial decorativo" nem "mero conjunto de leis e preceitos com que a hierarquia eclesiástica ordena a realização dos ritos" (MD, n. 22). A celebração litúrgica é, sim, **ato comunicativo** vivenciado com todo o ser (Buyst, 2011), "que põe em jogo a pessoa inteira: corpo e espírito, interioridade e relações" (LF, n. 40), envolvendo-a na transmissão de algo – ou melhor, alguém – que não se deixa reter por meros conceitos e palavras.

A celebração é uma epifania, uma manifestação de Deus. É importante dizer duas coisas sobre isso. Primeiro, que não se trata de fabricar a presença de Deus com os nossos ritos e a nossa criatividade, mas de abrir espaço para que, na continuidade da tradição do povo de Deus, ele se manifeste. Há na celebração um aspecto de **gratuidade**, de festa, de alegria plena e simples por estar na presença de quem se ama – a Trindade e a comunidade. A celebração não é pragmática, não tem uma utilidade prática. A isso se associa a questão da beleza na liturgia: a beleza é inútil, quer dizer, não *serve* para nada, é livre e gratuita (Borobio, 2009; Celam, 2004; Ratzinger, 2015).

Ao mesmo tempo em que a celebração não *serve para* e não é realizada *a fim de* produzir algum efeito, ela de fato muda algo. É a isso que chamamos de *eficácia da liturgia* – eficácia que, aliás, "não é igualada por nenhuma outra ação da Igreja" (SC, n. 7). O mistério de fato nos toca – a Palavra de Deus não volta a ele sem efeito (Is 55,10-11). Como conciliar as duas coisas, isto é, que a participação na liturgia gera fruto (SC, n. 2) e que essa participação é gratuita e desinteressada? Ora, trata-se da celebração do mistério, e o mistério é Deus-Amor. O amor é assim: sempre desinteressado, contudo, é precisamente dessa maneira que toca e transforma.

No próximo capítulo, principalmente nas Seções 2.3 e 2.4, aprofundaremos as noções sobre essa eficácia, abordando o lugar da liturgia na vida da Igreja e a sua relação com outras dimensões da vida cristã. Por enquanto, fica claro que a celebração é a visibilidade da liturgia, é o jeito de ela acontecer. Isso envolve o exercício de ministérios, o corpo e os gestos, a escuta da palavra, a oração, o silêncio, a música, a experiência do tempo e do espaço. É disso tudo que vamos tratar na segunda parte deste livro.

Síntese

Liturgia é um termo grego que significa algo como "serviço público". A tradução grega do Antigo Testamento usou essa palavra para se referir ao serviço dos sacerdotes no templo de Jerusalém. Em Atos dos Apóstolos (13,2), Lucas usa esse termo para designar o culto cristão. Com isso, indica uma equiparação desse rito com o culto do templo, que caducou com a morte e ressurreição de Cristo. Dizemos que a liturgia é a celebração do mistério pascal de Cristo. *Mistério* é também uma palavra grega e significa algo como "lugar da iniciação ou do conhecimento, do segredo". Paulo usa frequentemente a palavra *mistério* para designar aquela verdade que é a fonte de toda a realidade e que se expressou plenamente em Cristo. É a vontade salvífica de Deus – o seu amor –, presente em toda a criação e em toda a história. A história da salvação é inteiramente sacramental, ou seja, nela Deus se revela por meio de palavras e sinais. Ele assume a linguagem de seu povo, fazendo-se entender por gestos concretos de libertação. O mais supremo e concreto sinal de Deus-Amor é a pessoa de Jesus Cristo. Como Filho encarnado, Jesus é o sacramento por excelência. Nele, Deus revela todo o seu amor por nós. Por isso, Jesus é o verdadeiro mediador e o verdadeiro sacerdote. Ele é o mistério, o lugar do verdadeiro conhecimento de Deus. Como intervenção definitiva de Deus na história, chamamos de *páscoa* o mistério da paixão, morte, ressurreição e ascensão de Jesus, à imagem da intervenção de Deus em favor de Israel no Egito. Assim, já no século II, pelo menos, os cristãos passaram a usar o termo *mistério pascal*, pois o ponto focal de todo o mistério é a paixão, a morte, a ressurreição e a ascensão de Jesus. A sacramentalidade da ação salvífica de Deus permanece após a ressurreição e a ascensão de Jesus. Com isso, a presença de Cristo junto aos seus se tornou permanente, relacional, espiritual e pneumática e se revela por meio dos sacramentos.

A liturgia é tida, pois, como o exercício da função sacerdotal de Cristo. Ela é memorial, isto é, torna presente e atualiza aquela intervenção definitiva de Deus na história que é a nossa redenção em Cristo. Como celebração, ela expressa e manifesta o mistério em sinais sensíveis.

Atividades de autoavaliação

1. Considere as afirmações a seguir.
    I. O termo *liturgia* refere-se apenas à celebração eucarística.
    II. Para referir-se à celebração cristã, na sua história, a Igreja utilizou diversos termos, como *mysterium*, *cultus*, *caeremoniae*, *ritus* e *spiritus*.
    III. No Novo Testamento, a palavra *liturgia* tem diversos significados, mas em nenhum momento é usada para se referir ao culto exercido pelos cristãos.

IV. No mundo grego, o termo *liturgia* significou qualquer serviço público, entre eles os sacrifícios feitos por sacerdotes oferecidos às divindades em nome do povo.

Assinale a alternativa correta:

a) Somente as afirmações I e III são verdadeiras.
b) Somente a afirmação IV é verdadeira.
c) Somente as afirmações III e IV são verdadeiras.
d) Somente as afirmações II e III são verdadeiras.

2. Assinale a alternativa correta:
   a) O termo *mistério* indica que Deus nunca pode ser conhecido e, por isso, a celebração litúrgica não precisa ser compreendida, apenas experimentada.
   b) Paulo usa o termo *mistério* para se referir ao coração do plano de Deus, isto é, à sua vontade salvífica, ao seu amor, presente em toda a história.
   c) A expressão *mistério pascal* teve origem no Concílio Vaticano II, que a usou na constituição *Sacrosanctum Concilium*.
   d) Como *páscoa* é a palavra que Israel usa para se referir ao rito que faz memória da sua libertação do cativeiro da Babilônia, o termo passou a ser usado também para se referir à intervenção definitiva de Deus em Cristo.

3. O mistério se expressa de maneira sacramental, isto é, através de sinais sensíveis. Qual é o núcleo, o conteúdo central, do mistério?
   a) O cumprimento de preceitos para que possamos alcançar a salvação merecidamente.
   b) A revelação da corrupção humana e da consequente necessidade de obediência cega à Igreja instituída por Deus.
   c) A revelação de Deus como amor misericordioso e incondicional, que se manifestou plenamente em Cristo.

d) A eleição de um povo consagrado e escolhido por Deus, os cristãos, para serem os únicos salvos no meio de uma humanidade pecadora.

4. Considere as afirmações a seguir.
   I. Cristo está presente na Igreja apenas através de sua presença real no Santíssimo Sacramento.
   II. Com a sua ressurreição e ascensão, a presença de Cristo junto aos seus se tornou permanente.
   III. A presença de Cristo na Igreja se dá através de um sentimento completamente subjetivo, dentro do coração de cada pessoa.
   IV. Como homem e Deus, Jesus é o único mediador e o único sacerdote da nova aliança, pois é nele que acontece o encontro entre Deus e nós.

   Assinale a alternativa correta:
   a) Apenas as afirmações II e III são verdadeiras.
   b) Apenas as afirmações II e IV são verdadeiras.
   c) Apenas as afirmações I e IV são verdadeiras.
   d) Apenas as afirmações I e II são verdadeiras.

5. Em relação aos termos *memorial* e *celebração*, assinale a alternativa **incorreta**:
   a) Como memorial, o culto de Israel se diferencia do de outros povos porque foca na intervenção de Deus na história.
   b) O memorial não se limita à mera lembrança, mas permite que participemos do acontecimento celebrado.
   c) A celebração é a expressão, a manifestação do mistério; é um ato comunicativo.
   d) A finalidade da celebração é o cumprimento de um preceito ordenado por Deus para que sejamos salvos pelo nosso merecimento.

Atividades de aprendizagem

Questões para reflexão

1. Como você entende a afirmação "Jesus Cristo nos salvou"? O que abordamos na Seção 1.3 o ajudou a aprofundar sua experiência de salvação?

2. Como você experimenta a presença de Cristo em sua vida? Ele está presente no rosto das pessoas que você encontra e no seu coração. Você acolhe essa presença por meio da caridade e da oração?

Atividade aplicada: prática

1. Procure conversar com membros de sua comunidade acerca do significado de *liturgia*. Observe quais são os conceitos apresentados e se apresentam alguma limitação, referindo-se apenas à liturgia da Palavra ou às normas que regem a celebração, por exemplo.

2
A liturgia e a vida cristã[1]

1 Todas as passagens bíblicas utilizadas neste capítulo são citações de Bíblia (2017). As notas presentes nas citações bíblicas foram suprimidas.

Vimos que a presença de Cristo na Igreja se dá de maneira mais explícita na liturgia. Contudo, ele também está presente fora do âmbito da liturgia: na união fraterna, na pregação, no serviço da caridade. O Concílio Vaticano II afirma que a liturgia "não esgota toda a ação da Igreja" (SC, n. 9). Ao mesmo tempo, porém, dispõe que ela é "a meta para a qual se encaminha a ação da Igreja e a fonte de onde promana toda a sua força" (SC, n. 10). Diz ainda que a liturgia é "a primeira e necessária fonte" do espírito verdadeiramente cristão (SC, n. 14).

Essas afirmações nos fazem pensar: Por que a Igreja reconhece tamanha importância à liturgia? De que maneira ela é fonte e cume de toda a ação do povo de Deus? Como a liturgia se articula com as outras dimensões da vida cristã – o anúncio, a oração, a vida fraterna, o serviço? Essas são as perguntas a que este capítulo quer responder.

2.1 A vida cristã como culto espiritual

"Exorto-vos, portanto, irmãos, pela misericórdia de Deus, a que ofereçais vossos corpos como sacrifício vivo, santo e agradável a Deus: este é o vosso culto espiritual" (Rm 12,1). Essas palavras de Paulo nos relembram um versículo que já vimos anteriormente: "Mas, se o meu sangue for derramado em libação, em sacrifício e serviço da vossa fé, alegro-me e me regozijo com todos vós" (Fl 2,17). Aqui, como vimos, o apóstolo usa a palavra *liturgia* com o sentido de oferta de si mesmo ao Pai. É o exercício do **sacerdócio cristão**, também chamado *sacerdócio batismal* ou *sacerdócio comum dos fiéis*, que, já mencionamos, é a participação dos cristãos no único sacerdócio da nova aliança, o de Cristo.

"Os fiéis exercem seu sacerdócio batismal através da participação, cada qual segundo a sua própria vocação, na missão de Cristo, sacerdote, profeta e rei" (CIC, n. 1546). O *Catecismo da Igreja Católica* (CIC) dispõe ainda que o batismo nos consagra para "o culto religioso cristão", que consiste na "participação viva na sagrada liturgia da Igreja" e no "testemunho duma vida santa e de uma caridade eficaz" (CIC, n. 1273).

Como você pode observar, a concepção cristã de culto não se restringe à celebração litúrgica. O sacerdócio cristão é exercido também fora da celebração: não em um ou outro lugar qualquer, mas na consagração da vida inteira, unida à santidade de Cristo e feita amor e serviço ao próximo. **A vida cristã é um culto espiritual** – e vice-versa: o culto verdadeiro se realiza na vida. Ressoam aqui as palavras de Jesus à samaritana: "os verdadeiros adoradores / adorarão o Pai em espírito e verdade [...]" (Jo 4,23).

Os discípulos de Jesus se deram conta de que ele é, sim, o novo e definitivo sacerdote, mas ao mesmo tempo exerce o seu sacerdócio de uma maneira completamente diferente daquela da antiga aliança. Primeiro, porque o seu sacrifício não é substitutivo, não é o de outra coisa em seu lugar, mas é o de *si mesmo*. Segundo, porque o que conta em sua oferta sacrificial não é a destruição, a morte, a dor, e sim o *testemunho de amor* aí manifestado. Terceiro, porque ele não ofereceu o seu sacrifício em um contexto litúrgico-religioso-cultual, mas na vida humana comum, em um contexto profano – até mesmo fora dos muros de Jerusalém. Quarto, porque a sua oferta sacrificial não é um ato isolado; ao contrário, é o cume de toda a sua vida vivida sempre a serviço, a consumação de uma existência que foi sempre *existência-para-os-outros*. Esse modo de exercer o sacerdócio é "um ministério superior" (Hb 8,6).

Entendendo assim o sacerdócio de Jesus – que, não custa lembrar, era um leigo do ponto de vista do judaísmo –, os cristãos compreenderam a sua missão como participantes da sua vida e do seu sacerdócio. Eles deveriam também fazer de sua vida uma existência-para-os-outros que não temesse o sacrifício de si mesmos e fosse assim, em todos os ambientes em que a vida humana se desenrola, testemunho de Deus-Amor. É também Paulo quem escreve: "Tornai-vos, pois, imitadores de Deus, como filhos amados, e andai em amor, assim como Cristo também vos amou e se entregou por nós *a Deus, como oferta e sacrifício de odor suave*" (Ef 5,1).

Essa consciência estava bem viva na Igreja dos primeiros séculos. **Tertuliano** (160?-220?) escreve que "o grande sacrifício que os cristãos oferecem e que foi mandado por Deus é a oração que brota de um corpo puro, de uma alma sem mancha e do Espírito Santo" (*Apologia*, 30,5). **Agostinho** (354-430), por sua vez, diz que "o verdadeiro sacrifício é toda obra que nos impele a nos unirmos em santa comunhão com Deus, de modo que se oriente para o bem último pelo qual possamos ser verdadeiramente felizes" (*De Civitate Dei*, 10,6). Já Leão Magno pergunta: "O que há de mais sacerdotal que oferecer ao Senhor uma consciência pura, oferecer-lhe vítimas imaculadas de devoção no altar do coração?" (*Serm.* 4).

Só de forma tardia se passou a chamar a casa da Igreja de *templo*, a mesa eucarística de *altar* e o presbítero de *sacerdote*, porque acima de tudo importava ressaltar que Cristo era o verdadeiro e definitivo templo, o verdadeiro e definitivo altar e o verdadeiro e definitivo sacerdote – isto é, o *lugar* onde acontece a verdadeira adoração (Flores, 2006). A reviravolta litúrgica promovida por Jesus era muito – mas muito! – maior do que declarar nulos os sacrifícios do templo de Jerusalém e pôr em seu lugar novos templos e altares de pedra. Tratava-se de uma mudança de mentalidade radical, mas que, ao mesmo tempo, finalmente atendia verdadeiramente à finalidade de todo culto: a comunhão com Deus.

Vamos entender isso melhor? Basta lançar um olhar, rapidamente, à questão do sacrifício para o povo de Israel. É possível perceber claramente duas visões sobre o sacrifício no Antigo Testamento. A primeira é a do culto oficial: os ordenamentos a respeito dos sacrifícios no templo, dos sacerdotes etc. A lógica por trás dessa visão é a da substituição. Ora, para além das diversas nuances, pode-se dizer que o objetivo de todo culto é restituir a Deus o que lhe pertence e, na tentativa de restaurar a relação com ele – a relação fundamental –, restaurar também as relações entre as criaturas.

A substituição, nesse sentido, é farsesca. No máximo, é pedagógica: ensina – mas só ensina, sem realizar – que o que deve ser restituído a Deus é a existência individual e o que deve ser restaurado é a relação individual com ele, com o próximo e com a criação. "O verdadeiro dom a Deus só pode ser de si mesmo; a consciência de que qualquer outra coisa é, de certo modo, inadequada, ou seja, destituída de sentido, é tanto mais forte quanto mais evoluída é a consciência religiosa" (Ratzinger, 2015, p. 31).

É nessa constatação que tem origem o segundo ponto de vista presente no Antigo Testamento: a crítica aos sacrifícios da parte dos profetas. Eles denunciam a vacuidade dos ritos, que são realizados em contradição com a vida. Constrói-se o templo, mas não se permite que Deus habite entre o seu povo pelo amor; sacrificam-se animais, mas não se consagra a vida a Deus; circuncida-se o prepúcio, mas o coração permanece incircuncidado, insensível.

"Porque é amor que eu quero e não sacrifício, conhecimento de Deus mais do que holocaustos", diz o Senhor através de Oseias (6,6). Samuel, por sua vez, diz: "Iahweh se compraz com holocaustos e sacrifícios / como com a obediência à palavra de Iahweh? / Sim, a obediência é melhor do que o sacrifício, / a docilidade mais do que a gordura dos carneiros" (1Sm 15,22). Amós usa palavras ainda mais enfáticas:

> Eu odeio, eu desprezo as vossas festas
> e não gosto de vossas reuniões.
> Porque, se me ofereceis holocaustos...,
> não me agradam as vossas oferendas
> e não olho para o sacrifício de vossos animais cevados.
> Afasta de mim o ruído de teus cantos,
> eu não posso ouvir o som de tuas harpas!
> Que o direito corra como a água
> e a justiça como um rio caudaloso! (Am 5,21-24)

A experiência do exílio na Babilônia contribuiu para que muitos dos filhos de Israel entendessem pouco a pouco que o verdadeiro culto acontecia no coração e na vida, no louvor e na misericórdia. Tudo isso culmina em Jesus. Com o seu sacrifício, ele reconcilia as duas linhas: o sacrifício próprio do exílio, o da palavra do louvor, torna-se carnal e concreto como o do templo. É a lógica da encarnação (Ratzinger, 2015).

O verdadeiro culto é a oferta do Filho, cabeça e corpo, Jesus e a Igreja. O verdadeiro sacrifício "consiste em serem todos um único corpo em Cristo" (Agostinho, *De Civitate Dei*, 10,6). A verdadeira adoração é a humanidade divinizada, isto é, transformada em amor. Deus-Amor tudo em todos (1Cor 15,28): essa é a meta da criação e a meta de todo culto (Ratzinger, 2015).

Esse culto espiritual não se opõe à celebração litúrgica. Pelo contrário, ambos se complementam. A celebração litúrgica é a expressão ritual do culto espiritual e sua eficácia consiste justamente em fazer de cada cristão e de toda a Igreja o sacrifício-altar-templo de Deus, em oposição a qualquer ideia de substituição (Marsili, citado por Flores, 2006, p. 38). Nas palavras do Concílio Vaticano II, a liturgia "contribui em sumo grau para que os fiéis exprimam na vida e manifestem aos outros o mistério de Cristo" (SC, n. 2), o mistério do Amor. Vamos entender agora como isso se dá.

2.2 A transformação do ser humano pela configuração a Cristo

Se a pregação anuncia a salvação, a celebração do mistério a realiza (SC, n. 6). O que é a salvação realizada? É a santificação dos seres humanos, que é a glória de Deus (SC n. 7, 59; Ratzinger, 2015). Poderíamos fazer ainda outra pergunta: O que é *santificação*? A constituição

Sacrosanctum Concilium (SC) usa com frequência essa palavra e outras derivadas. No número 10, ela desenvolve o que quer dizer com isso:

> A Liturgia, por sua vez, impele os fiéis, saciados pelos "mistérios pascais", a viverem "unidos no amor"; pede "que sejam fiéis na vida a quanto receberam pela fé"; e, pela renovação da aliança do Senhor com os homens na Eucaristia, e aquece os fiéis na caridade urgente de Cristo. Da Liturgia, pois, em especial da Eucaristia, corre sobre nós, como de sua fonte, a graça, e por meio dela conseguem os homens com total eficácia a santificação em Cristo e a glorificação de Deus, a que se ordenam, como a seu fim, todas as outras obras da Igreja. (SC, n. 10)

A santificação é a comunhão com Cristo, a configuração a ele. Ela se verifica em uma vida de unidade e de amor, correspondente ao que recebemos na liturgia, isto é, à graça, à relação com o Pai na gratuidade do seu olhar amoroso sobre nós, ao modo do Filho. Viver em santidade é viver, como dito anteriormente, transformados em amor. À luz do mistério de Cristo, a ordem de Levítico (19,2) – "Sede santos, porque eu, Iahweh vosso Deus, sou santo" – poderia muito bem ser relida como: "Sejam amor, porque eu sou Amor".

2.2.1 A eficácia da liturgia como eficácia relacional

É aí que está a eficácia da liturgia. Uma celebração litúrgica é eficaz se gera santidade, isto é, relação pessoal com Deus e, por consequência, vidas que amam. Mas como a celebração contribui para isso?

Em primeiro lugar, é preciso observar o seguinte: "Para assegurar esta **eficácia plena**, é necessário, porém, que os fiéis celebrem a Liturgia com retidão de espírito, unam a sua mente às palavras que pronunciam, cooperem com a graça de Deus, não aconteça de a receberem em vão" (SC, n. 11, grifo nosso). Para isso, não basta observar "as leis que regulam a celebração válida e lícita": é preciso que os fiéis participem da liturgia "consciente, ativa e frutuosamente" (SC, n. 11).

A eficácia não acontece de modo "mágico". Como deve ser entendida, então, a expressão *ex opere operato*, que diz que a ação litúrgica é eficaz por si mesma, independentemente da santidade de seus ministros? Deve ser entendida no sentido de que Deus "sempre atende à oração da Igreja" e não nega a sua presença e a sua atuação – mas não no sentido de que as disposições interiores dos participantes da liturgia não contam (CIC, n. 1128). Dito de outro modo: a **fonte da graça** – Deus – sempre se faz presente em um sacramento celebrado conforme a intenção da Igreja; mas o receptáculo da graça – **nós** – precisa estar disposto, por uma participação verdadeiramente ativa e consciente, a recebê-la. Sem ser recebida, a salvação não acontece (Bonowitz, 2013), porque a salvação é uma relação, e não há relação com apenas uma pessoa.

Ainda falaremos mais sobre isso adiante, na Seção 4.3. Por enquanto, basta a consciência de que a eficácia da liturgia não é "automática". Envolve a nossa disposição, a nossa interioridade, a nossa processualidade, porque se trata de uma relação pessoal. "O sacramento não é uma 'coisa' nem uma 'força', mas o próprio Cristo [...]" (AL, n. 73). Esse é o ponto de partida para compreendermos de que modo a liturgia dá à luz pessoas que amam.

2.2.2 A liturgia como toque de Deus

Como já vimos na Seção 1.3, Deus age sacramentalmente, isto é, por meio de sinais sensíveis. Esse é o modo ordinário de Deus agir: ele não só fala, não só transmite uma ideia, mas **nos toca**. *Tocar* é um processo que envolve todo o nosso ser (LF, n. 40), que aproxima, cria relação, encontro (Buyst, 2011). De fato, se você olhar em seu Catecismo, a imagem que abre a sua segunda parte, aquela que trata da liturgia, é justamente a que retrata a mulher com hemorragia tocando o manto de Jesus e sendo curada (Mc 5,25-34).

De novo, não é mágica: muitos resvalam e esbarram em Jesus (Mc 5,31), mas só ela o toca. "Por meio da sua encarnação, com a sua vinda entre nós, Jesus tocou-nos e, através dos sacramentos, ainda hoje nos toca; desta forma, transformando o nosso coração, permitiu-nos – e permite-nos – reconhecê-Lo e confessá-Lo como Filho de Deus" (LF, n. 31). É o toque da fé: um toque que, em sua sacramentalidade, é real. Sem a celebração litúrgica, a celebração de toda a Igreja no Espírito, corremos o risco de transformar Jesus em uma ideia, incapaz de nos tocar, que não corresponde ao verdadeiro Jesus.

Esse toque da fé é o toque do amor. Já mencionamos anteriormente o poder transformador do amor. É no amor que acontece a salvação, como explica Bento XVI:

> O homem é redimido pelo amor. Isto vale já no âmbito deste mundo. Quando alguém experimenta na sua vida um grande amor, conhece um momento de "redenção" que dá um sentido novo à sua vida. Mas rapidamente se dará conta também de que o amor que lhe foi dado não resolve, por si só, o problema da sua vida. É um amor que permanece frágil. Pode ser destruído pela morte. O ser humano necessita do amor incondicionado. Precisa daquela certeza que o faz exclamar: "Nem a morte, nem a vida, nem os anjos, nem os principados, nem o presente, nem o futuro, nem as potestades, nem a altura, nem a profundidade, nem qualquer outra criatura poderá separar-nos do amor de Deus, que está em Cristo Jesus, nosso Senhor" (*Rm* 8,38-39). Se existe este amor absoluto com a sua certeza absoluta, então – e somente então – o homem está "redimido", independentemente do que lhe possa acontecer naquela circunstância. É isto o que se entende, quando afirmamos: Jesus Cristo "redimiu-nos". Através d'Ele tornamos-nos seguros de Deus – de um Deus que não constitui uma remota "causa primeira" do mundo, porque o seu Filho unigênito fez-Se homem e d'Ele pode cada um dizer: "Vivo na fé do Filho de Deus, que me amou e Se entregou a Si mesmo por mim" (*Gl* 2,20). (SS, n. 26)

De fato, se a meta da transformação é Deus-Amor tudo em todos, é a humanidade santificada – isto é, transubstanciada em amor –, a fonte da transformação só pode ser o amor. "Onde não há amor, põe amor e colherás amor", diz João da Cruz (1542-1591) (*Carta a la M. Mª de la Encarnación*). Agostinho, por sua vez, diz: "As ações humanas só podem ser entendidas a partir de sua raiz no amor" (*Sermão sobre 1Jo 4,4-12,8*).

2.2.3 A configuração ao Filho

A experiência do amor torna-me semelhante ao amado – é nisso que consiste a transformação que a liturgia opera em nós. "Transformados por este amor, recebemos olhos novos [...]" (LF, n. 4). Tocados pelo amor de Deus, não podemos não amar o próximo, que é contemplado com o mesmo olhar amoroso. "A história do amor entre Deus e o homem consiste precisamente no fato de que esta comunhão de vontade cresce em comunhão de pensamento e de sentimento e, assim, o nosso querer e a vontade de Deus coincidem cada vez mais" (DCE, n. 17).

Até porque não podemos ser discípulos de Jesus sem estar em uma real comunhão com a sua pessoa. Não somos apenas discípulos, que desde fora seguem as ideias do seu mestre, mas somos membros de Cristo. Só como membros, aliás, podemos ser discípulos, longe da presunção de querer viver *como* Cristo sem viver *em* Cristo, com o seu Espírito. A ética do Evangelho não é cumprida através do mero esforço pessoal, mas por meio de um coração transformado pelo toque de Cristo (Castellano, 2008; Ratzinger, 2015; PF, n. 11; DCE, n. 14).

O amor de Deus, que tocamos concretamente na liturgia, nos configura a Cristo. E quem é Cristo? Na Trindade, o Filho é aquele que deve todo o seu ser ao Pai: é a sua imagem, palavra, expressão, "Deus de Deus, luz da luz, Deus verdadeiro de Deus verdadeiro", como professa o símbolo niceno-constantinopolitano. Na dinâmica da Trindade, o Filho responde ao amor do Pai, no Espírito, com a sua total doação. Assim se compreende o que significa dizer que somos filhos no Filho: enxertados no Filho, recebemos nele todo o amor do Pai; toda a nossa existência tem sua fonte no Pai.

Essa vida trinitária do Filho se historiciza, se humaniza, se encarna na vida de Jesus de Nazaré. Ele não vive por si mesmo, mas pelo Pai, a partir do Pai. E não vive para si mesmo, mas para os outros; dá a sua vida "por vós e por todos". Sua existência é uma existência-para-os-outros, como já dissemos. Por isso, ser seu discípulo, ser seu membro, ser configurado a ele consiste em assumir a mesma vida. "Ser cristão significa essencialmente passar do ser em prol de si mesmo para o ser em prol dos outros" (Ratzinger, 2005, p. 187). A configuração ao Filho é uma configuração no amor recebido do Pai e no amor testemunhado ao irmão.

2.2.4 Liturgia, celebração do amor

É nesse âmbito de amor que se insere o mistério pascal. "A cruz é como que um toque do amor eterno nas feridas mais dolorosas da existência terrena do homem [...]" (DM, n. 8). Aquilo que se comunica na liturgia é o mistério do Amor. Cada celebração é celebração do Amor: espaço onde eu não apenas escuto o anúncio do Amor, mas experimento-o, toco-o, recebo-o.

Como não se sentir banhado no amor de Deus ao ser lavado na água batismal, por exemplo? A celebração batismal é como uma declaração de amor de Deus a cada um de nós: "'Este é o meu filho amado, a quem me comprazo'" (Mt 3,17), proclama Ele, como disse de Cristo, do qual pelo batismo nos tornamos membros.

Que eficácia tem a celebração da reconciliação se ela não for uma experiência do amor misericordioso de Deus? Mal ouve a nossa humilde e arrependida confissão, Ele diz: "'Ide depressa, trazei a melhor túnica e revesti-o com ela, ponde-lhe um anel no dedo e sandálias nos pés [...]'" (Lc 15,22) e faz festa, porque é um Pai apaixonado.

O que é o matrimônio cristão senão o tornar-se um para o outro sacramento – sinal sensível! – do amor de Deus? Prometendo um ao outro um amor irrevogável, mulher e homem proclamam a beleza e a preciosidade da existência de cada um, mesmo em meio ao conhecimento mútuo de suas faltas e feridas – precisamente como Deus faz conosco. E celebram o êxtase desse amor tornando-se uma só carne em uma liturgia dos corpos banhada pelo Espírito.

O mesmo é possível dizer de qualquer celebração litúrgica – e sobretudo da eucaristia, o coração da liturgia cristã. Ela é a expressão da presença desse amor. Nela, Deus "tornou-Se verdadeiramente alimento para nós – como amor. A Eucaristia arrasta-nos no ato oblativo de Jesus" (DCE, n. 13), aquela transformação de violência em amor e de morte em vida que

> arrasta depois consigo as outras transformações. Pão e vinho tornam-se o seu Corpo e o seu Sangue. Mas a este ponto a transformação não deve deter-se, antes, é aqui que deve começar plenamente. O Corpo e o Sangue de Cristo são-nos dados para que nós mesmos, por nossa vez, sejamos transformados. (Bento XVI, 2005b)

Ao reconhecer, no sinal sacramental que atualiza a entrega de Cristo, que tal entrega é por mim, que esse amor é dirigido pessoalmente a mim (Gl 2, 20), já não é possível viver como antes.

De fato, a Igreja nascente chamava a celebração eucarística de *ágape*, **amor**: não só em referência ao amor de Deus por nós, mas, com base nele, ao amor entre todos os que dela participam, tornados um no corpo do Senhor. "Aqui, a habitual contraposição entre culto e ética simplesmente desaparece. No próprio 'culto', na comunhão eucarística, está contido o ser amado e o amar, por sua vez, os outros" (DCE, n. 14).

> Os Santos – pensemos, por exemplo, na Beata Teresa de Calcutá – hauriram a sua capacidade de amar o próximo, de modo sempre renovado, do seu encontro com o Senhor eucarístico e, vice-versa, este encontro ganhou o seu realismo e profundidade precisamente no serviço deles aos outros. Amor a Deus e amor ao próximo são inseparáveis, constituem um único mandamento. Mas, ambos vivem do amor preveniente com que Deus nos amou primeiro. Deste modo, já não se trata de um "mandamento" que do exterior nos impõe o impossível, mas de uma experiência do amor proporcionada do interior, um amor que, por sua natureza, deve ser ulteriormente comunicado aos outros. O amor cresce através do amor. O amor é "divino", porque vem de Deus e nos une a Deus, e, através deste processo unificador, transforma-nos em um Nós, que supera as nossas divisões e nos faz ser um só, até que, no fim, Deus seja "tudo em todos" (*1Cor* 15,28). (DCE, n. 18)

Só na experiência do amor, tocado na liturgia, a vida passa a ser vivida verdadeiramente, no alegre serviço aos outros que prolonga a comunicação do amor de Deus ao mundo.

2.3 A transformação do mundo pelo testemunho cristão

A celebração litúrgica é expressão da vida definitiva, da vida verdadeira, em que, em Deus-Amor, estamos todos unidos em um só corpo. A celebração é esboço da vida eterna e reconciliada; é, *grosso modo*, como um microcosmo que exprime aquilo que a vida verdadeiramente é: unidade no amor. A liturgia expressa "a autêntica natureza da verdadeira

Igreja" (SC, n. 2), o plano de unidade do gênero humano e de toda a criação em Deus. Dessa maneira, confere à vida presente a sua medida (Ratzinger, 2015; Gerhards; Kranemann, 2012). Como aponta o *Missal Romano* (p. 404), no "Convite à oração ao fim da preparação dos dons", ela é "pausa restauradora na caminhada rumo ao céu", mas não é *hobby*, e sim presença daquela "terra interior, sem a qual o exterior permanece inabitável" (Ratzinger, 2015, p. 18).

Na antiga aliança, o sábado desempenhava uma função semelhante. Proibindo o trabalho nesse dia, a aliança com Deus tornava escravos e senhores iguais. Precisamente isso é que constituía a "santificação" do sábado (Ratzinger, 2015, p. 22).

A transformação do ser humano em sua individualidade, portanto, não é suficiente. Não é o fim do processo. Aliás, sequer é verdadeira se não transforma as suas relações, já que somos seres relacionais. A nossa reflexão já estava caminhando nesse sentido: o amor recebido torna-se amor vivido, testemunhado, partilhado. Vamos explicitar isso um pouco mais.

Bento XVI diz que "a 'mística' do sacramento tem um caráter social" (DCE, n. 14). Basta olhar o sinal sacramental da eucaristia: todos comem do mesmo pão, bebem do mesmo cálice, sentam-se à mesma mesa. O horizonte da eucaristia é mais amplo do que o da comunhão individual de cada um com Cristo no pão e no vinho consagrados. O seu fim é a unidade do corpo, como explica Tomás de Aquino (ST III, 73,3). "Tornamo-nos 'um só corpo', fundidos todos numa única existência" (DCE, n. 14).

É fácil achar isso muito bonito e permanecer vivendo uma união genérica, abstrata e, a bem da verdade, falsa. A unidade não é vivida com uma Igreja etérea, que se desmancha no ar, sem rostos e sem nomes. A unidade que Jesus constrói é concreta. Significa recordar constantemente que Deus oferece o mesmo pão ao refugiado, ao doutor, ao mendigo, ao homossexual, ao papa, à senhora da minha comunidade que eu acho antipática, ao senador corrupto, ao pároco que eu critico porque só pensa em dinheiro, à universitária feminista, ao rapaz tradicionalista e até mesmo – quem diria? – a nós, pobres pecadores.

O pão partido, a mesa da comunhão, edifica o Reino, onde todos são irmãos. Como diz a Didaquê (IV, 8), um texto do século I que testemunha como essa consciência era viva entre os primeiros cristãos, "Se compartilhamos os bens sobrenaturais, por que não compartilharíamos também os bens materiais?" (Sirolli, 1966, tradução nossa). A união fraterna vivida na liturgia intraeclesial, por assim dizer, se alarga ainda para muito além das fronteiras visíveis da Igreja, porque o cristão está muito consciente do seguinte: "Se alguém disser: / 'Amo a Deus', / mas odeia o seu irmão, / é um mentiroso: / pois quem não ama seu irmão, a quem vê, / a Deus, a quem não vê, não poderá amar" (1Jo 4,20).

> porque recebemos o mesmo Senhor e Ele nos acolhe e nos atrai para dentro de si, somos uma só coisa também entre nós. Isto deve manifestar-se na vida. Deve mostrar-se na capacidade do perdão.
>
> Deve manifestar-se na sensibilidade pelas necessidades do próximo. Deve manifestar-se na disponibilidade para partilhar. Deve manifestar-se no compromisso pelo próximo, tanto pelo que está perto como pelo que está externamente distante, mas que nos diz sempre respeito de perto. (Bento XVI, 2005b)

A "coerência eucarística" (SCa, n. 83) faz do cristão um irmão universal, porque sabe que o pão oferecido a todos é o próprio Deus, que está próximo de cada um e aos olhos de quem cada um é precioso. Precisamente assim, o cristão leva o amor recebido na eucaristia para todo o mundo, comunicando Deus-Amor à humanidade.

O rito litúrgico está em função desse verdadeiro culto, o culto espiritual. "Percebe que te tornas sacerdote de Cristo ao oferecer com tua mão, não carne, mas pão; não sangue, mas um copo de água fresca", diz

João Crisóstomo (347?-407), na homilia 45, n. 3 (São João Crisóstemo, 1955, tradução nossa). Se Cristo se faz presente na liturgia, não é menos verdade que se faz presente no sofredor, no pobre, no marginalizado (Mt 25,31-46).

A correlação entre o corpo do Senhor no pão consagrado e o corpo do Senhor no pobre e na unidade dos fiéis foi um tema recorrente na Igreja nascente, como Crisóstomo também atesta na homilia 20, n. 3: "Tu que honras o altar sobre o qual está o corpo de Cristo, depois ultrajas e desprezas em sua indigência aquele que é o próprio corpo de Cristo" (São João Crisóstomo, 1889, tradução nossa).

No entanto, não é preciso sequer ir até os Padres da Igreja para perceber isso. A questão do reconhecimento do corpo do Senhor tanto no sinal sacramental quanto na unidade da comunidade, com especial atenção ao pobre, está no coração do ensinamento de Paulo sobre a eucaristia (1Cor 11,17-34). Comenta o Papa Francisco:

> A Eucaristia exige a integração no único corpo eclesial. Quem se abeira do Corpo e do Sangue de Cristo não pode ao mesmo tempo ofender aquele mesmo Corpo, fazendo divisões e discriminações escandalosas entre os seus membros. Na realidade, trata-se de "distinguir" o Corpo do Senhor, de O reconhecer com fé e caridade, quer nos sinais sacramentais quer na comunidade; caso contrário, come-se e bebe-se a própria condenação. (AL, n. 186)

Vale lembrar aqui que a liturgia não só aponta a universalidade do amor cristão, mas também oferece esse mesmo amor, para que possamos vivê-lo. Ama-se com o amor recebido de Deus. A liturgia é eficaz: a relação com Deus que estabelecemos através da celebração quebra o coração de pedra – indiferente, egoísta, farisaico – e gera um coração novo, de carne, sensível ao rosto do próximo. Com esse coração, formado e sempre reformado pelo amor de Deus, é possível cooperar com a transubstanciação do mundo, para que seja um mundo de vida e não de morte (Papa Bento XVI, 2016).

Isso se aplica a todos os sentidos possíveis. A eficácia da liturgia tem, sem dúvida alguma, uma dimensão social. Contudo, ela vai ainda além disso. Sua "finalidade última é a **transformação do mundo** até àquela condição em que Deus será tudo em todos (cf. *1Cor* 15,28)" (Papa Bento XVI, 2005b, grifo do original). Ou seja, "a criação inteira deve ser transformada por meio de nós, os que foram transformados em um corpo, os que foram convertidos em um espírito dispensador de vida. A criação inteira deve se tornar uma 'nova cidade', um novo paraíso, o espaço da habitação do Deus vivo" (Ratzinger, 2012, p. 330, tradução nossa).

Sinal dessa transformação de toda a criação é o uso dos elementos da criação na liturgia: a água, o óleo, o fogo, o incenso – sobretudo o trigo e a uva, tornados eucaristia. No pão e no vinho, estão presentes a criação de Deus e a realidade humana – são "fruto da terra e do trabalho humano", como se diz na preparação dos dons. Dessa maneira, são sinais da vocação do ser humano e do mundo: o cultivo humano da criação em oferta a Deus, tornando presente em tudo o seu amor.

O pão e o vinho consagrados pela oração da Igreja são sinais cósmicos e escatológicos: indicam a vocação de toda a criação a tornar-se sinal da presença de Deus. Antecipam, assim, aquele futuro em que todo o universo estará cheio do amor de Deus (Ratzinger, 2012).

2.4 A unidade entre fé, culto e ética no cristianismo

Tudo o que vimos neste capítulo pode ser resumido na seguinte afirmação: no cristianismo, "fé, culto e *ethos* compenetram-se mutuamente como uma única realidade que se configura no encontro com a **ágape** de Deus" (DCE, n. 14, grifo do original). O anúncio cristão não setoriza essas dimensões da pessoa humana. Elas não apenas estão intimamente relacionadas como parecem ser a mesma experiência. Vejamos.

O que fica da fé cristã e do culto cristão sem a ética cristã? Nada. Sobra uma farsa, uma estrutura exterior – dizer-se cristão e frequentar o culto – que não corresponde de modo algum à realidade da fé professada. Sobre isso, já mencionamos as palavras de João: "Se alguém disser: / 'Amo a Deus', / mas odeia o seu irmão, / é um mentiroso: / pois quem não ama seu irmão, a quem vê, / a Deus, a quem não vê, não poderá amar" (1Jo 4,20). E ainda: "Aquele que não ama / não conheceu a Deus, porque Deus é Amor" (1Jo 4,8). Não conhece a Deus. A fé e o culto, portanto, não existem, são uma ilusão. O mesmo diz Jesus: "Nem todo aquele que me diz 'Senhor, Senhor' entrará no Reino dos Céus, mas sim aquele que pratica a vontade de meu Pai que está nos céus" (Mt 7,21), isto é, o amor. A quem se ilude pensando que conhece a Cristo sem amar, ele diz claramente: "Nunca vos conheci" (Mt 7,23).

E o que fica do culto cristão e da ética cristã sem a fé cristã? Nada. Ora, a fé cristã é fé no amor (LF, n. 15) e pode ser sintetizada pelo versículo: "E nós temos reconhecido / o amor de Deus por nós / e nele cremos" (1Jo 4,16). Essa é a fé professada pela Igreja, essa é a doutrina segura, a ortodoxia. Tudo o mais deve ser visto desde essa perspectiva (CIC, n. 25).

Sem a fé no Deus-Amor, a ética cristã não se sustenta. Sobram suas paródias: o legalismo e o laxismo, duas posturas aparentemente contraditórias, mas com a mesma raiz: a centralidade de si mesmo e a repulsa por amar e servir. Diga-se de passagem, o laxismo e o legalismo frequentemente convivem juntos na mesma pessoa: alguém pode ser legalista no campo sexual e laxista no cuidado com o necessitado, ou legalista no campo político-econômico e laxista no respeito à dignidade de toda pessoa. Isso acontece porque ambas as posturas são o reflexo de uma ética seletiva, que setoriza esses campos – essa divisão na verdade não existe: sempre se trata de como responder ao valor precioso de cada pessoa. São posturas carentes de um critério ético autêntico: justamente, levar a sério a centralidade do amor.

Sem a fé no Deus-Amor, também o culto cristão é visto de maneira legalista, interesseira ou mesmo como mero costume. Não sobra espaço para a gratuidade que caracteriza a celebração. Não se percebe que ela é um ato relacional – no máximo com a comunidade, mas em um nível muito estreito e raso, como quem participa de uma festa sem saber o seu motivo. Não há aquela disposição interior a que nos referimos anteriormente na Seção 2.2 e, assim, a celebração é oca. A pessoa está cega para os sinais sacramentais, que lhe aparecem opacos: tudo o que ela vê é o ato de culto como um todo, entendido como fenômeno social, passe de mágica ou conjunto de normas.

Resta ainda uma pergunta: O que fica da fé cristã e da ética cristã sem o culto cristão? Nada. Ficam uma fé-ideia e uma ética-ideia, impessoais, sem toque, sem encontro com a pessoa de Jesus. Sem uma liturgia verdadeiramente vivida, a ética já não parte do amor recebido, mas de uma causa, uma teoria, que pode até ter boas intenções e um enquadramento mais ou menos correto, mas que não se sustenta por muito tempo. O mesmo se pode dizer da fé: às vezes, pode até parecer enrijecida – mas está morta. Sua rigidez é a de um cadáver. É questão de tempo para perceber o mau cheiro e, então, sepultá-la.

A fé e a ética ficam privadas de suas forças. Tornam-se fardo. Cansam e oprimem em vez de libertar e, logo, nos tornam também opressores. A fé cristã e a ética cristã sem a liturgia são a fé em um Jesus morto, incapaz de nos tocar e de, por meio de nós, tocar os que nos cercam.

Perceba que esses cenários foram imaginados pensando em uma vida cristã sem uma ética *autenticamente* cristã, uma fé *autenticamente* cristã e um culto *autenticamente* cristão. É claro que, no primeiro caso, tem-se algum tipo de ética que mais ou menos lembra alguns traços do cristianismo. Contudo, fica reduzido a um bom comportamento, ou a uma espécie de honra, de sentir-se pessoa "de bem". O mesmo no segundo caso: existe a fé em alguma doutrina, porém seletiva, composta por alguns elementos do cristianismo mal-organizados entre si e, assim, distorcidos.

No último caso também. Encaixa-se aí alguém que participa da celebração litúrgica, mas participa mal, ou o caso de celebrações que não correspondem àquilo que a liturgia cristã é. É quando a celebração já não é participação no mistério, mas superstição, rubricismo, espetáculo ou simplesmente um momento insignificante, irrelevante, insosso.

Ficou claro como a ausência de uma dessas dimensões ofusca e distorce completamente as outras duas. Se uma dessas dimensões não está integrada às demais, já não sobra nada. Por outro lado, contemplemos a existência cristã vivida em plenitude, retomando as palavras da encíclica *Deus Caritas Est*, reproduzidas no início desta seção: "fé, culto e *ethos* compenetram-se mutuamente como uma única realidade que se configura no encontro com a **ágape** de Deus" (DCE, n. 14, grifo do original). É uma vida toda banhada no amor de Deus! Aqui, fé, culto e ética são "uma única realidade", uma coisa só. Mistério acreditado, mistério celebrado, mistério vivido! Cristo acreditado, Cristo celebrado, Cristo vivido! Amor acreditado, Amor celebrado, Amor vivido!

2.5 Liturgia, fonte e ápice da vida cristã

No começo deste capítulo, fizemos a pergunta: O que quer dizer o Concílio Vaticano II quando afirma que a liturgia é "a meta para a qual se encaminha a ação da Igreja e a fonte de onde promana toda a sua força" (SC, n. 10)? Como podemos entender essa afirmação? Depois do caminho percorrido, temos condições de esboçar uma resposta.

Em primeiro lugar, pudemos entender que a liturgia, na concepção cristã, não se restringe ao ato celebrativo. Toda a vida é tornada liturgia. O culto cristão é culto espiritual: "não se situa em uma dialética de separação da vida, mas é a própria vida" (Castellano, 2008, p. 65). Tiago deixa claro: "Com efeito, a religião pura e sem mácula diante de Deus, nosso Pai, consiste nisso: visitar os órfãos e as viúvas em suas tribulações e guardar-se livre da corrupção do mundo" (Tg 1,27).

Esse culto espiritual não está em oposição aos ritos cristãos, mas, como vimos, origina-se na experiência do toque de Cristo nos sinais sacramentais, que nos faz participantes do mistério do seu amor. Há uma unidade, portanto, entre a liturgia entendida como celebração ritual e a liturgia entendida como oferta da própria vida. Trata-se de uma só liturgia, de um só exercício do sacerdócio cristão. Nesse sentido, é fácil entender a afirmação do concílio: a liturgia é fonte e meta da vida cristã simplesmente porque toda a vida cristã é liturgia.

Assumindo, porém, que a intenção da afirmação é referir-se apenas à celebração litúrgica – como é possível concluir a partir do seu contexto –, de que forma podemos entendê-la? De que maneira a celebração litúrgica é fonte e meta da vida cristã? Ora, no percurso entre a liturgia-fonte e a liturgia-cume está precisamente a liturgia-culto espiritual.

A celebração litúrgica é a fonte porque é o lugar do encontro com Cristo, do deixar-se tocar por ele, do formar com ele e com a comunidade um só corpo. É Cristo que, no Espírito, reúne seu povo, forma-o e se faz um com ele, de tal modo que, participando de sua filiação, somos banhados pelo amor do Pai.

É verdade que Deus pode nos dar a experiência do seu amor de muitas outras maneiras, mas, ali, na liturgia ele explicita, intensifica e encarna esse amor de um modo único – para usar as palavras do concílio, com uma eficácia que "não é igualada por nenhuma outra ação da Igreja" (SC, n. 7).

Como vimos, a experiência desse amor é transformadora. Não apenas o pão e o vinho são transubstanciados na eucaristia, mas a nossa maneira de enxergar nós mesmos e as nossas relações. Nós nos tornamos um corpo cheio do Espírito de Deus, capaz de dar vida ao mundo, de transformá-lo.

Dessa maneira, no mundo, fora da celebração, tem continuidade o exercício do nosso sacerdócio. Fazemos com toda a criação o mesmo que foi feito com o fruto da terra (o trigo, a uva), transformado pelo trabalho humano (o pão, o vinho) e abençoado, eucaristizado, para se tornar sinal da presença de Deus. Estendemos o toque do amor de Cristo para todas as nossas relações. Denunciamos a dignidade ferida do homem e da mulher, promovemos a reconciliação, a paz e a unidade, procuramos os sinais do Reino onde quer que eles estejam e colocamo-nos a serviço de todo ser humano e do ser humano todo – através dos diversos âmbitos da sociedade: a família, a política, a educação, a arte, a economia, a cultura, a ciência etc.

Trabalhamos, enfim, para que o amor de Deus se manifeste por toda a parte: que ninguém se sinta só e desprezado, que nenhuma ferida fique sem cuidado, que todo muro seja derrubado, que se reconheça a vida de cada pessoa como território santo, que todos sejam irmãos.

Cooperamos para tornar cada vida um louvor do nome do Pai. E voltamos à celebração eucarística levando no coração toda a vida que tocamos, compendiada e simbolizada novamente no pão e no vinho. Oferecemos ao Pai "As alegrias e as esperanças, as tristezas e as angústias" (GS, n. 1) do mundo, pedindo-lhe que derrame sobre tudo o seu Espírito. Oferecemos a ele também os frutos da criação transubstanciados em amor, reconhecendo com o salmista: "Não a nós, Iahweh, não a nós, / mas ao teu nome dá glória" (Sl 115(113 B),1). É o cume, e de novo a fonte, até que Deus-Amor seja tudo em todos.

A liturgia é fonte e cume da vida cristã simplesmente porque é o exercício do sacerdócio cristão. Em outras palavras: ela é o espaço no qual o corpo de Cristo sacerdote – a Igreja, cada um de nós – leva Deus à humanidade e a humanidade a Deus. É o espaço por excelência, embora não o único, do encontro entre Deus e a humanidade – toda ela: judeus, cristãos, muçulmanos, hindus, ateus, agnósticos etc. – através da mediação sacerdotal de Cristo, cabeça e corpo. Encontro-fonte, em que Deus se aproxima da humanidade e se dá a ela, e encontro-cume, em que a humanidade transfigurada retorna a Deus.

Síntese

Paulo diz que praticamos um culto espiritual. A própria palavra *liturgia* também é usada nesse sentido no Novo Testamento. Isso indica que, no cristianismo, a liturgia não se restringe à ação celebrativa: toda a vida é liturgia, isto é, o culto cristão consiste na consagração da vida inteira que, unida a Cristo, é transformada em amor e serviço ao próximo.

É desse modo que exercemos o nosso sacerdócio cristão, isto é, a nossa participação no sacerdócio de Cristo, cada um segundo a sua vocação. Esse sacerdócio de Cristo é, em suma, uma existência-para-os-outros.

No Antigo Testamento, há duas abordagens em relação aos sacrifícios realizados no templo. Uma é a do culto oficial, outra é a crítica profética a esse mesmo culto, que aponta a sua insuficiência. Pouco a pouco emerge a realidade de que o verdadeiro culto a Deus é o louvor a ele por meio da oração sincera do coração e de uma vida que testemunha o seu amor e a sua misericórdia.

Tudo isso culmina em Cristo, cuja oferta na cruz se apresenta como o verdadeiro sacrifício, o verdadeiro culto: a oferta da própria vida por amor. A liturgia em sentido estrito, isto é, a celebração litúrgica, está ordenada a esse culto, à nossa santificação – que é a nossa comunhão com Deus-Amor.

É a isso que podemos chamar *eficácia da liturgia*, isto é, o seu potencial de nos transformar, de gerar vidas que amam. Essa eficácia não é mágica: é a permanente disponibilidade de Deus para nos tocar e transformar, de acordo com a nossa disposição interior.

Por isso, a participação ativa na liturgia é um requisito para a sua eficácia em nossa vida. É o amor de Deus que nos toca através dos sinais sensíveis da liturgia, que transforma também a nossa vida em amor.

A experiência do amor do Pai revela a minha filiação e me configura ao Filho, tornando também a minha existência uma existência-para-os-outros, na medida em que reconheço que cada rosto que eu encontro também é digno desse mesmo amor, independentemente das misérias que carrega.

O fim do processo transformativo não é, porém, a transformação do ser humano individual, mas a transformação de nós todos em um só corpo que, por sua vez, opera a transformação de toda a realidade. Assim, no cristianismo, a fé, o culto e a ética são uma única realidade. Cada um desses aspectos não pode ser dissociado dos outros.

A celebração litúrgica desponta, assim, como a fonte da vida cristã e também o seu ápice, isto é: é nela que acontece de modo mais intenso e explícito o encontro da comunidade com o amor do Pai, fundamento da existência cristã, e é a ela que a comunidade volta trazendo em suas mãos a humanidade tocada por esse amor e ofertando-a ao Pai.

Atividades de autoavaliação

1. Sobre a concepção de culto cristão, assinale a alternativa **incorreta**:
   a) O culto espiritual não se opõe à celebração litúrgica, pois ambos se complementam.
   b) A concepção cristã de culto se restringe à celebração litúrgica.

c) A consagração da vida inteira, unida à santidade de Cristo e feita amor e serviço ao próximo, faz parte da concepção cristã de culto.
d) A vida cristã é um culto espiritual e vice-versa: o culto verdadeiro se realiza na vida.

2. Jesus Cristo é o novo e definitivo sacerdote, exercendo o seu sacerdócio de uma maneira completamente diferente daquela da antiga aliança. Marque a alternativa que **não** corresponde ao modo como Cristo ofereceu-se em sacrifício:
   a) O sacrifício de Cristo não é substitutivo, não é o de outra coisa em seu lugar, mas é o de si mesmo.
   b) O que conta na oferta sacrificial de Jesus não é a destruição, a morte, a dor, mas o testemunho de amor aí manifestado.
   c) Jesus ofereceu o seu sacrifício em um contexto litúrgico-religioso-cultual.
   d) A oferta sacrificial de Jesus não é um ato isolado, mas o cume de toda a sua vida vivida sempre a serviço, a consumação de uma existência que foi sempre existência-para-os-outros.

3. Sobre a eficácia dos sacramentos, considere as seguintes afirmações:
   I. Os sacramentos são automaticamente eficazes, bastando que sejam celebrados segundo as normas vigentes.
   II. As disposições interiores dos participantes da liturgia não influenciam em nada no modo como a eficácia da liturgia os toca.
   III. A fonte da graça – Deus – sempre se faz presente em um sacramento celebrado conforme a intenção da Igreja; mas o receptáculo da graça – nós – precisa estar disposto, por uma participação verdadeiramente ativa e consciente, a recebê-la.
   IV. A eficácia da liturgia se dá em uma relação pessoal com Deus, envolvendo a nossa disposição, a nossa interioridade, a nossa processualidade.

Assinale a alternativa correta:

a) Apenas as afirmações I e II são verdadeiras.
b) Apenas as afirmações II e IV são verdadeiras.
c) Apenas as afirmações I e III são verdadeiras.
d) Apenas as afirmações III e IV são verdadeiras.

4. Assinale a alternativa **incorreta** no que diz respeito ao processo de transformações que a liturgia desencadeia:
   a) Se eu sou tocado pelo amor de Deus, passo a contemplar o meu próximo com esse mesmo olhar amoroso.
   b) No cristianismo, não deve existir contraposição entre culto e ética.
   c) Na eucaristia, a dimensão comunitária é irrelevante, pois o mais importante é a comunhão individual de cada fiel com Cristo.
   d) O uso de elementos da criação na liturgia aponta a vocação de toda a criação de tornar-se sinal da presença de Deus.

5. Marque V para verdadeiro e F para falso acerca das considerações feitas pela *Sacrosanctum Concilium*.
   ( ) A liturgia esgota toda a ação da Igreja.
   ( ) A liturgia é o cume para o qual tende toda a ação da Igreja.
   ( ) A liturgia é a fonte de onde promana toda a força da Igreja.
   ( ) A liturgia é a primeira e necessária fonte do espírito verdadeiramente cristão.

   Assinale a alternativa que apresenta a sequência correta:
   a) V, V, V, V.
   b) F, V, V, V.
   c) F, F, V, V.
   d) V, F, V, F.

Atividades de aprendizagem

Questões para reflexão

1. Tente se recordar de alguma celebração litúrgica especialmente marcante da qual você tenha participado. De que maneira a eficácia da celebração se manifestou para você? Você saiu da celebração com o coração mais aberto, mais disposto a ver nos outros um rosto a ser amado?

2. Qual o lugar que a liturgia ocupa na sua vida? A sua vida de oração e o exercício da sua vocação bebem da fonte da liturgia, ou ela se limita a ser um intervalo qualquer nas suas atividades?

Atividade aplicada: prática

1. Você sabe de que maneira cada atividade de sua comunidade se relaciona com a liturgia? Será que a liturgia é visivelmente o centro da vida de sua comunidade? Converse com os coordenadores de algumas pastorais e procure entender as dificuldades que eles enfrentam para fazer com que suas atividades interajam bem com as celebrações litúrgicas.

3
A liturgia através da história[1]

1 Todas as passagens bíblicas utilizadas neste capítulo são citações de Bíblia (2017). As notas presentes nas citações bíblicas foram suprimidas.

Nos dois primeiros capítulos, abordamos conceitos fundamentais a respeito da liturgia cristã. Entender a maneira como essas noções foram assimiladas, desenvolvidas ou mesmo obscurecidas ao longo da história da Igreja é muito importante para avaliar as celebrações que as nossas comunidades realizam. Por isso, vamos de maneira sucinta acompanhar as formas que a liturgia cristã assumiu nestes 20 séculos.

3.1 As primeiras gerações da Igreja: a herança da liturgia hebraica (séculos I e II)

Jesus e os seus primeiros discípulos eram judeus e participavam das celebrações, dos ritos e das festas do seu povo. Por isso, os primeiros ritos celebrados pela comunidade dos discípulos de Jesus assumiram naturalmente formas da liturgia hebraica. Podemos mesmo dizer que a liturgia cristã é, de certa forma, a continuidade dessa liturgia, agora transformada desde dentro graças à novidade de Cristo.

Dessa maneira, é possível apontar entre a liturgia hebraica e a oração e a celebração eucarística e os demais ritos das primeiras comunidades cristãs uma série de continuidades, mas também de descontinuidades, reflexos da originalidade da fé cristã e da assimilação de elementos provenientes de outras culturas além da hebraica.

A liturgia da Palavra é um desses elementos provenientes da liturgia hebraica, sobretudo aquela realizada na sinagoga. Já a forma da oração eucarística é devedora das orações de louvor e ação de graças típicas da piedade hebraica e presentes tanto na vida familiar quanto nas sinagogas. Por si sós, esses dois elementos centrais da liturgia cristã já manifestam muito bem o quanto devemos à liturgia hebraica.

Além deles, podemos citar: a semana, com o costume de dedicar um em cada sete dias à reunião litúrgica; a noção de ano litúrgico e as festas da páscoa e de pentecostes; a estrutura da oração cotidiana, que resultaria na liturgia cristã das horas, e a contagem do dia de pôr do sol a pôr do sol; a doxologia, ou seja, o costume de encerrar a oração com um breve louvor a Deus; o gesto da imposição das mãos; diversas aclamações litúrgicas, como "amém", "hosana", "aleluia", "pelos séculos dos séculos", e outros costumes ligados ao uso de termos próprios, como iniciar as orações com "oremos"; o uso do pão e do "cálice da bênção"; entre outros (Buyst; Silva, 2003; Jungmann, 2008).

Esses elementos são preenchidos com sentido cristão na liturgia que a Igreja celebra. Se nas orações de louvor hebraicas se fazia memória da ação de Deus no meio do seu povo, agora o centro dessa memória é a pessoa de Jesus, intervenção por excelência de Deus na história. Pela mesma razão, à leitura dos livros da Torá e dos profetas se une a recordação dos apóstolos, o seu testemunho do que os seus olhos viram, seus ouvidos ouviram e suas mãos tocaram do Verbo da vida (1Jo 1,1). É desse testemunho dado na assembleia que, provavelmente, nasce o Novo Testamento (Béguerie; Bezançon, 2016; Jungmann, 2008).

É essa mesma irrupção da fé cristã no interior da liturgia hebraica que produz, além das continuidades, as descontinuidades. Trata-se de rupturas de enormes proporções: a ideia de que os sacrifícios do templo tinham sido superados; a perda de importância da circuncisão; o rompimento das noções vétero-testamentárias de *puro* e *impuro*; e a transferência do dia litúrgico do sábado para "o primeiro dia da semana", o domingo (Buyst; Silva, 2003, p. 26-27).

Continuidade e descontinuidade também se manifestam na novidade da liturgia cristã que reconcilia criticamente as duas linhas de abordagem presentes no Antigo Testamento: a do sacrifício cruento no templo e a do sacrifício da palavra e da vida, como vimos anteriormente (Seção 2.2).

O primeiro testemunho escrito sobre a celebração eucarística nos é dado por Paulo na sua Primeira Epístola aos Coríntios (11,23-26). Ali ele recorda, diante do fechamento da comunidade à atitude de partilha que a eucaristia deveria fomentar, aquilo que "recebeu do Senhor", relatando as palavras que Jesus disse sobre o pão e o vinho na última ceia.

> Com efeito, eu mesmo recebi do Senhor o que vos transmiti: na noite em que foi entregue, o Senhor Jesus tomou o pão e, depois de dar graças, partiu-o e disse: "Isto é o meu corpo, que é para

> vós; fazei isto em memória de mim". Do mesmo modo, após a ceia, também tomou o cálice, dizendo: "Este cálice é a nova Aliança em meu sangue; todas as vezes que dele beberdes, fazei-o em memória de mim". Todas as vezes, pois, que comeis desse pão e bebeis desse cálice, anunciais a morte do Senhor até que ele venha. (1Cor 11,23-26)

Outro testemunho significativo é a descrição que Lucas faz de uma celebração eucarística presidida por Paulo em Trôade (At 20,1-12): "No primeiro dia da semana", diz Lucas, "estando nós reunidos para a fração do pão, Paulo entretinha-se com eles" (At 20,7). O apóstolo faz uma longa homilia e depois todos partem o pão e o comem.

A mesma estrutura, liturgia da Palavra seguida de liturgia eucarística, serve de molde para a narração da aparição do Ressuscitado aos discípulos de Emaús (Lc 24,13-35). Em ambos os textos – no relato dos Atos dos Apóstolos, graças ao reavivamento de um jovem que morreu durante a celebração –, sobressai-se uma realidade que mais tarde Leão Magno, como vimos, descreverá da seguinte maneira: aquilo que era visível em nosso Salvador passou para os seus mistérios (Béguerie; Bezançon, 2016).

No tempo dos apóstolos e nas gerações seguintes, as reuniões litúrgicas – "no primeiro dia da semana" – eram feitas em geral dentro das casas. Um pouco mais tarde, com o crescimento das comunidades, tornou-se necessário adquirir casas que passaram a ser destinadas exclusivamente para o culto. Os ritos tinham lugar, via de regra, em meio a uma refeição partilhada entre todos, como na última ceia. Mesmo quando o rito litúrgico sai do âmbito de uma refeição comum para ser um ato à parte, não se pode esquecer que a celebração eucarística sempre é uma refeição. É importante lembrar que, na mentalidade hebraica, mas não apenas nela, a refeição estava imbuída de religiosidade e nela sempre se fazia presente a oração. O gesto de pronunciar a bênção sobre o pão, parti-lo e distribuí-lo, por exemplo, é um costume hebreu, realizado pelo pai de família (Jungmann, 2008).

As orações que hoje fazemos durante a preparação dos dons, por exemplo, são claramente devedoras da oração hebraica: nelas, "bem-dizemos", abençoamos (*bênção* é uma contração de *bendição*, "bem-dizer") os dons recebidos da terra, conscientes de que tudo recebemos de Deus. É daí que vem o próprio nome da celebração cristã por excelência: *eucaristia* (algo como "boa graça") não é outra coisa que uma versão grega do termo hebraico *berakah*, "**ação de graças**". O termo *eucaristia* se sobrepôs à expressão *fração do pão* para designar a celebração cristã já nas primeiras gerações cristãs. Encontramos esse uso na *Didaquê*, em Inácio de Antioquia e em Justino (Ratzinger, 2015).

Em suma, a celebração da eucaristia nas primeiras comunidades cristãs se caracterizava por: a) se dar no âmbito de uma refeição fraternal, no interior de uma casa, no primeiro dia da semana; b) dever a forma de sua oração à *berakah* hebraica, ou seja, um louvor a Deus por sua ação criadora e salvadora, que toma a forma de memorial – *anamnese*; c) romper, de forma gradual, mas rápida, com a liturgia do templo e com a sua mentalidade sacrificial-legal; e d) constituir-se, desde o princípio, por dois momentos, que correspondem ao que chamamos de *liturgia da Palavra* e *liturgia eucarística*.

3.2 A formação da liturgia romana (séculos III a VIII)

Podemos dizer que, até o século II, a liturgia cristã não assumiu traços muito distintivos de acordo com cada região em que a Igreja estava presente. Não havia livros litúrgicos: os elementos obrigatórios dos ritos eram mínimos e a oração era proferida de maneira improvisada. Esse improviso não significa que bastava fazer o que desse na telha:

era natural para um presbítero cristão oriundo do âmbito hebraico proferir uma oração estruturada como *berakah* e *anamnese*, preenchendo-a agora de sentido cristão.

Foi a partir do século III que os costumes de cada comunidade começaram a se consolidar, fazendo com que a multiplicidade das formas celebrativas nas Igrejas se tornasse visível. Pouco a pouco, fixaram-se certas orações, hinos e gestos em determinados momentos da celebração, segundo o uso de cada comunidade, o que foi impulsionado pela estabilidade propiciada pelo fim das perseguições ao cristianismo, a partir de 313. No século V, ocorreu um processo de unificação regional desses rituais, que formou as famílias litúrgicas que conhecemos até hoje (Buyst; Silva, 2003). Nós nos deteremos sobre esse assunto, a diversidade dos ritos litúrgicos, mais adiante, na Seção 5.5. Agora, vamos nos focar no desenvolvimento do rito que se tornou próprio do Ocidente cristão: o **rito romano**, isto é, o uso litúrgico próprio da Igreja de Roma.

A estruturação e a regulamentação do rito romano acompanharam a legalização e posterior oficialização do cristianismo no Império Romano e a consequente transição dos ritos litúrgicos das casas e catacumbas para as basílicas. A basílica era um prédio típico romano amplo o suficiente para acolher o crescente número de cristãos e que, sob a influência da *domus ecclesiae* – as casas particulares usadas para a assembleia litúrgica –, foi adaptado para o uso litúrgico cristão. Além disso, o domingo tornou-se oficialmente dia de repouso. Por esses motivos, foi possível incrementar o ritual e organizá-lo de uma maneira mais ordenada.

Entre os séculos IV e VI, numerosas orações foram compostas e o seu texto foi fixado em folhetos. As melhores delas eram preservadas para serem usadas novamente e compartilhadas com outras comunidades. No período entre os séculos V e VII, surgiram as primeiras coletâneas dessas orações, ou seja, os primeiros livros litúrgicos romanos:

o sacramentário, e também o lecionário, o evangeliário, o antifonário e o *ordo*.

Essa diversidade de livros refletia a pluralidade ministerial que caracterizava a celebração litúrgica: o **sacramentário** era o livro usado pelo presidente; o **lecionário** pelo leitor; o **evangeliário** pelo diácono; o **antifonário** pelo coro etc. O desempenho de uma função litúrgica estava estreitamente ligado a uma função na comunidade como um todo. Dessa maneira, era natural que aquele que desempenhava o ministério de presidir a comunidade – o bispo ou o presbítero – também desempenhasse o ministério de presidir a eucaristia. A ideia de um "poder sacramental" isolado da função que se tinha diante da comunidade não havia ainda se desenvolvido (Béguerie; Bezançon, 2016; Buyst; Silva, 2003).

A amplitude das basílicas e a influência do cerimonial imperial permitiram a inserção de três grandes procissões durante a celebração eucarística, cada uma delas acompanhada por um canto e finalizada por uma oração: a procissão de entrada dos ministros, a procissão com o pão e o vinho e a procissão para receber as espécies consagradas. A proclamação do Evangelho também foi solenizada com uma pequena procissão.

O mais importante a ser recordado, porém, é que esse processo de estruturação se deu num estilo próprio dos cristãos de Roma, devedor da mentalidade latina. Assim, mais do que a inclusão ou não de certos gestos e orações, o que caracteriza cada rito litúrgico é a sua índole, o seu tom, o seu estilo comunicativo. O rito romano, nesse sentido, consolidou-se com base em traços muito evidentes, como a sobriedade, a concisão e a praticidade, que não se opõem a uma forma literária elegante. Em síntese, o rito romano caracteriza-se por uma **nobre simplicidade** (Buyst; Silva, 2003; Flores, 2006).

As orações da tradição romana evitam a linguagem dramática, sentimental. Diz-se tudo com muita simplicidade, sobriedade e naturalidade, sem afetação. Evitam-se "penduricalhos" litúrgicos, elementos supérfluos, teatralidade. Assim como a diversidade de ministérios, esse estilo – desviando-se de uma linguagem intimista e subjetivista – reflete a profunda índole comunitária que permeava a Igreja de Roma e a sua liturgia.

É com essa índole própria que esse período de formação nos legou também outras heranças, como a consolidação dos tempos litúrgicos, das principais festas, do canto litúrgico e do catecumenato. É nesse momento também que se inserem em definitivo na liturgia romana dois hinos que na época já eram conhecidos e antigos, o Glória e o Cordeiro de Deus (Buyst; Silva, 2003).

É claro que esse desenvolvimento, embora rico tanto do ponto de vista estilístico quanto teológico, trouxe também alguns riscos. A transição da oração espontânea para o uso de livros litúrgicos criou o perigo do rubricismo. O cerimonial mais detalhado e a influência da corte imperial deixaram à vista a armadilha do triunfalismo. A mudança para a basílica, ou seja, a introdução do templo e do altar na liturgia cristã, fez surgir o risco de um obscurecimento da noção de cristianismo como culto espiritual. Por fim, a mentalidade romana não trouxe apenas a sobriedade e a concisão, mas também o perigo de uma linguagem jurídica e moralista estranha à fé cristã, que poderia obnubilar a centralidade do mistério pascal de Cristo (Flores, 2006).

Trata-se, em um primeiro momento, de riscos e não de problemas; traços que são, de certa maneira, inevitáveis, mas com os quais se deve ter cuidado. Todo processo de consolidação e ordenamento comporta essa tensão. Posteriormente, também devido à emergência de outros fatores, esses riscos vão se concretizando em maior ou menor medida.

Vale mencionar também a influência da cultura grega sobre a liturgia cristã em seu período de estruturação. Os **cultos mistéricos** deram algumas contribuições importantes à liturgia, como as celebrações de vigília, o costume de rezar voltado para o Oriente e a disciplina do arcano. Essa influência grega está registrada de um modo muito claro em diversos termos usados na liturgia, a começar pelo próprio termo *liturgia* – e também *ágape, mistério, anamnese, epiclese, epifania, doxologia* etc. (Buyst; Silva, 2003).

3.3 A liturgia romana na Idade Média (séculos IX a XV)

No final do primeiro milênio, a Igreja de Roma estava em crise. O clero, inclusive o papado, era descaradamente corrupto e se observava um total desleixo em relação à vida litúrgica da Igreja. Quem interveio, curiosamente, para tentar recuperar a liturgia de Roma não foi o papa, mas o imperador romano-germânico.

Tanto Otão I (912-973) quanto o seu filho, Otão II (955-983), se escandalizaram com o que viam em suas viagens a Roma e procuraram restaurar a vida litúrgica da cidade por meio da promoção dos livros litúrgicos vigentes em suas terras, isto é, os rituais da liturgia franco-germânica.

Esses livros eram uma amálgama da mentalidade franco-germânica sobreposta à estrutura da liturgia romana. A sua origem remontava ao final do século VIII, quando o Imperador Carlos Magno (742-814) pediu ao Papa Adriano I (papa entre 772 e 795) uma cópia de um sacramentário romano, com o fim de uniformizar a liturgia no território do Império Romano-Germânico – que se estendia por boa parte da Europa Central, tendo como epicentro a atual Alemanha.

O uso dos livros romanos nas terras do império, porém, não se deu de maneira passiva. Incorporaram-se a eles vários elementos da liturgia galicana, que vigorava naquela região. Porém, a liturgia galicana, assim como a romana, tinha seus traços característicos – e, dessa maneira, a índole galicana foi enxertada na estrutura ritual romana.

Se o risco da índole romana era cair em um juridicismo e em um moralismo de cunho racionalista, a índole galicana, com a sua sensibilidade mais mistérica, poderia contrabalançar esses fatores e tornar-se um bom remédio. De fato, em alguma medida, essa nova sensibilidade contribuiu para renovar a vida litúrgica e espiritual de Roma.

No entanto, ela também tinha os seus riscos. Devedora da mentalidade religiosa dos povos franco-germânicos, a índole galicana corria o perigo de se reduzir ao gosto pelo drama, à linguagem sentimental e ao pavor diante da divindade que, consequentemente, aguçava o sentimento de culpa, um moralismo de cunho farisaico e o individualismo religioso (Buyst; Silva, 2003).

Então, no final do primeiro milênio, a liturgia romana foi **exportada** para o norte da Europa e ali impregnada da mentalidade franco-germânica para, em seguida, sob Otão I e Otão II, voltar a Roma com um estilo já muito diferente do romano. Assim, chegou ao centro da cristandade ocidental uma mentalidade que favorecia sérias distorções da mensagem cristã. Se algumas de suas características serviram de remédio a certas limitações da índole romana, outras trouxeram novos riscos ou concretizaram riscos já existentes (Buyst; Silva, 2003).

A partir do século XI, os papas reassumiram o seu papel diante da liturgia romana e propuseram reformas importantes. Gregório VII (1073-1085), visando ao combate à corrupção do clero, ressaltou a necessidade de que aquele que preside a liturgia vivesse uma vida santa, digna dos mistérios que celebra. Apesar da boa intenção, essa noção contribuiu para a clericalização da liturgia, que, via de regra, passou a ser vista como atividade própria e quase exclusiva dos padres (Buyst; Silva, 2003, p. 44). A própria mentalidade franco-germânica embutida na liturgia romana já favorecia essa distância entre o clero e o povo, com base no sentimento descomedido de temor religioso que a caracterizava. O ar mistérico da índole franco-germânica facilmente se degenerava em um clima esotérico.

Esse monopólio do clero sobre a liturgia se refletiu em uma nova criação, que se deve à reforma de Inocêncio III (1198-1216): se era o padre quem fazia tudo – lembre-se também de que, a essa altura, o latim já havia caído há muito tempo em desuso no cotidiano –, não havia mais a necessidade de múltiplos livros litúrgicos. Surgiu, então, o missal, concebido para a celebração da missa apenas pelo padre, sem supor a presença de uma assembleia (Buyst; Silva, 2003).

A participação da assembleia reduziu-se, então, ao mínimo. Bastava estar presente com a intenção, implícita e genérica, de honrar a Deus. Daí expressões usadas pelo povo até hoje, como "assistir à missa" e "ouvir missa", enquanto o padre "reza missa". Os manuais de teologia moral e espiritual, até inícios do século XX, dirão que basta essa presença para receber os "frutos" da celebração e para cumprir o preceito. Mesmo a comunhão se torna cada vez menos frequente, até quase sumir – por isso o Concílio de Latrão IV, em 1215, precisou torná-la obrigatória ao menos uma vez por ano, na páscoa (Flores, 2006; Buyst; Silva, 2003; Béguerie; Bezançon, 2016).

Dessa maneira, a eficácia da celebração passou a ser concebida de um modo, digamos, mágico, às raias da superstição. Já não se entendia que o que gera vida nova na Igreja e em cada um de seus membros é a participação efetiva da assembleia nos ritos sacramentais, celebrando, toda ela, o mistério pascal de Cristo através de sinais sensíveis. O tal "fruto" da celebração não é a transformação da vida em amor, e sim qualquer coisa de imperceptível ou uma espécie de "mérito", de uma moeda de troca para conquistar a salvação (Buyst; Silva, 2003, p. 47).

O povo podia não entender o que estava em jogo, mas percebia, sentia que faltava algo. Por isso, tratou de, digamos assim, se virar sozinho. Os fiéis continuavam indo à missa, obrigados pelo preceito e pela coação social, mas, como ela já não alimentava a sua vida de fé, as devoções populares ganharam cada vez mais importância: festas dos padroeiros, terço, via-sacra, culto das relíquias e uma infinidade de outras coisas – muitas delas importantes, mas vividas de um modo deslocado, distorcido. A vida espiritual dos fiéis caminhava, assim, à margem da vida litúrgica. Existia um divórcio entre liturgia e espiritualidade e entre liturgia e vida (Flores, 2006; Buyst; Silva, 2003).

As devoções, em um primeiro momento, ofereceram um pouco de alimento à piedade dos fiéis, mas logo aparecem os efeitos colaterais, que deixavam evidente que a liturgia é insubstituível na vida da Igreja: os fiéis se clericalizaram na liderança de irmandades e associações, as devoções se impregnaram de um tom supersticioso, o divórcio entre espiritualidade e ação permaneceu (Flores, 2006).

No século XIV, a chamada *devotio moderna* tentou responder a esses excessos e, nesse intento, legou um patrimônio espiritual importante à Igreja – incluindo grandes obras como a *Imitação de Cristo*, de Tomás de Kempis (1380-1471). O movimento não resolveu, porém, o problema: acabou partindo para o espiritualismo, ou seja, a repulsa a qualquer culto externo. A salvação era concebida, dessa maneira, como o resultado de um esforço psicológico, individual e voluntarista (Flores, 2006; Buyst; Silva, 2003).

Imagine, pois, o que era ir à missa no fim da Idade Média. O fiel não compreendia nada do que era dito: nem as orações proferidas pelo presbítero, nem sequer as leituras bíblicas, mais reduzidas que as de hoje e todas feitas em latim. A homilia tinha caído em desuso. Não se comungava e tampouco se via o que se passava no altar – por isso, o padre precisava levantar a hóstia e o cálice consagrados e se tocavam sinetas, gestos conservados até hoje. Era indiscutível que a liturgia era um assunto de padres e que o povo não deveria ter a menor participação nela. Tudo o que o povo buscava – quando buscava algo, isto é, quando não ia à igreja apenas por coação social – era o "fruto" imperceptível e mágico da missa, a moeda de troca do céu. Muitos clérigos souberam se aproveitar muito bem dessa mentalidade, até mesmo financeiramente.

3.4 A liturgia tridentina (séculos XVI a XIX)

O Concílio de Trento, que se desenrolou de 1545 a 1563 como reação à Reforma Protestante, tentou dar uma primeira resposta a essa situação trágica em que estava a liturgia. Para tentar deter tanto os abusos que já se verificavam quanto possíveis distorções oriundas da Reforma, decidiu-se pela unificação dos ritos litúrgicos em todo o Ocidente, impondo-se o uso litúrgico em voga na cúria papal – uma consolidação de um processo de centralização romana que já se prolongava desde Gregório VII.

Por falta de tempo, o concílio deixou nas mãos do papa a revisão e a publicação dos livros litúrgicos para toda a Igreja latina. Assim, em 1568, São Pio V (papa de 1566 a 1572) promulgou o Breviário Romano e, dois anos depois, o Missal Romano. Em 1588, Sisto V (papa de 1585 a 1590) criou a Sagrada Congregação para os Ritos, com a missão de vistoriar o cumprimento de todas as normas estabelecidas.

Com os esforços do concílio, cortaram-se vários abusos, mas os ritos em si pouco se purificaram dos problemas daquela amálgama romano-franco-germânica de fins do primeiro milênio. Os padres conciliares pediram, de fato, o retorno às "antigas normas dos Padres" – como diz a bula *Quo primum tempore* (n. 3), de São Pio V (citado por Béguerie; Bezançon, 2016, p. 18-20; Buyst; Silva, 2003, p. 50; IGMR, n. 7-8) –, mas o conhecimento das fontes patrísticas era muito escasso.

O concílio não aceitou, porém, muitas reivindicações legítimas dos reformadores protestantes. Pelo contrário, como reação à Reforma, procurou-se exaltar os pontos de discordância entre católicos e protestantes, dando importância demasiada ao que na fé cristã é secundário. Além disso, a unificação dos ritos, ainda que tenha combatido os abusos, alimentou o rubricismo e um uniformismo que não é próprio da liturgia cristã – e isso justamente em um período em que seriam necessários processos de inculturação.

Afinal, vale lembrar que, nesse momento, o "Ocidente" não se restringia mais à Europa Ocidental: os povos europeus travaram contato com a América, o sul da África e o leste da Ásia e levaram consigo a liturgia romana. A liturgia cristã desembarcou, pois, aqui em nossas terras com esse rosto, no qual o afastamento entre clérigos e leigos é a norma e que está no meio de um processo de eliminação dos abusos.

Some-se a isso a influência do barroco, um movimento cultural estreitamente vinculado à contrarreforma, que conferiu uma nova roupagem estética à liturgia – nos paramentos, na música, na arquitetura etc. –, mas que a manteve fechada à participação da assembleia. A nova roupagem, aliás, não ajudava em nada: o barroco tem um gosto pelo majestoso, pelo triunfalismo e pelo exagero que deram ainda mais evidência à exterioridade a que a liturgia tinha sido confinada. Enquanto os elementos secundários e exteriores foram maximizados, o essencial continuou sem espaço. Um catecismo de 1734 chegava a dizer que a missa é "uma das cinco maneiras de adorar a Cristo na eucaristia" (Buyst; Silva, 2003, p. 51-52).

O mesmo aconteceu por aqui: a pompa do barroco chegou a assumir os traços da cultura indígena. Os jesuítas permitiam o uso de instrumentos musicais como a taquara e o berimbau, menininhos dançavam e cantavam e, dessa maneira, a eucaristia era celebrada em um ambiente festivo, como pedia a índole dos nossos povos. O problema central, porém, permaneceu: o essencial, o mistério pascal, estava em segundo plano (Buyst; Silva, 2003).

O **Iluminismo**, movimento cultural característico do século XVIII, mostrou-se de certa maneira consciente de algumas dessas questões. Os iluministas eram críticos em relação ao barroco e perceberam a índole supersticiosa do exagero devocional. Eles se deram conta de que era necessário que o povo compreendesse o que se celebrava e participasse mais ativamente das celebrações. Isso, é claro, ocorreu não entre os partidários de um ceticismo anticristão, mas entre católicos sinceros, clérigos e leigos, que perceberam o descompasso entre as expressões de sua fé e as pessoas de seu tempo.

Mesmo estes, porém, embora tivessem entrevisto a importância da liturgia – são os pioneiros em sublinhar a sua dimensão pastoral –, permaneceram cegos devido à sua tendência racionalista, ao seu centro, ao mistério pascal. Para eles, a liturgia era um bom meio para a educação moral do ser humano, mas não muito mais do que isso (Flores, 2006; Buyst; Silva, 2003).

Ao mesmo tempo, os séculos XVII e XVIII também viram emergir uma preocupação pela divulgação das fontes litúrgicas mais antigas. Numerosas edições foram publicadas nesse período, resgatando textos litúrgicos da antiguidade cristã e do início da Idade Média (Flores, 2006).

A reação aos exageros racionalistas do iluminismo gerou no século XIX outro movimento, o **romantismo**, que no catolicismo assumiu traços restauracionistas. O objetivo era restaurar a tradição romana em sua pureza, como afirmação da vitalidade da Igreja e da unidade com o papado. O nome mais proeminente desse período é o do abade beneditino Prosper Guéranger (1805-1875), que se dedicou com muito esmero à renovação da vida monástica – que a Revolução Francesa havia devastado. Guéranger promoveu a restauração do canto gregoriano – que havia caído em desuso –, sublinhou a importância do ano litúrgico, combateu os resquícios galicanos na liturgia romana e, sobretudo, defendeu a centralidade da liturgia na vida do monge. A vida do cristão, para ele, deveria estar impregnada de liturgia, já que a liturgia, por sua vez, está impregnada do Espírito Santo.

Guéranger permaneceu em uma visão nostálgica, tradicionalista, da liturgia, não admitindo reformas nos livros e nos ritos litúrgicos. Seu ponto de referência era a Idade Média, e não os Padres. No entanto, junto com todo o movimento restauracionista, teve um papel fundamental no que diz respeito à pesquisa histórica e teológica das fontes litúrgicas. Esse trabalho lançou bases sólidas e vigorosas para o nascimento do movimento litúrgico, que finalmente tomará a peito resolutamente a tarefa da reforma litúrgica (Flores, 2006; Buyst; Silva, 2003).

3.5 O movimento litúrgico e o Concílio Vaticano II (séculos XX e XXI)

Nas últimas décadas do século XIX, a abadia de Solesmes, na França, que era dirigida por Guéranger, já era um ponto de referência em matéria de liturgia. Mais e mais outras comunidades, sobretudo monásticas, despertavam para a centralidade da liturgia na vida da Igreja e, assim, aprofundavam seus estudos e propunham novos caminhos com base nas luzes que a história da liturgia lhes oferecia.

Esse clamor chegou até a Santa Sé. São Pio X (papa de 1903 a 1914) propôs importantes reformas, incluindo uma reorganização da música sacra, a promoção da prática da comunhão frequente, a permissão para que as crianças comungassem e a restauração da importância do domingo, que tinha ficado em segundo plano devido à multiplicidade de festas devocionais. Mais ainda, Pio X instituiu em 1913 uma comissão para a reforma geral da liturgia. Dizia ele: "É necessário que passem muitos anos, antes que este, por assim dizer, *edifício* litúrgico [...] reapareça de novo esplendoroso na sua dignidade e harmonia, quando tiver sido como que limpo da desolação do envelhecimento" (ADA, p. 449-450, tradução nossa).

Entretanto, a essa altura – na segunda década do século XX –, esse empreendimento de Pio X já era uma resposta a uma corrente bastante visível na Igreja, à qual se dá o nome de ***movimento litúrgico***. Considera-se que o seu marco inicial é uma conferência do monge belga Lambert Beauduin (1873-1960) no Congresso Nacional de Obras Católicas (*Congrès national des oeuvres catholiques*), em Malines, em setembro de 1909 (Buyst; Silva, 2003). O próprio Beauduin, porém, partia de uma afirmação de Pio X em seu *motu proprio* sobre a música litúrgica, *Tra le Sollicitudini*, de 1903. Ali dizia o papa: "a primária e indispensável fonte" do "espírito cristão" é "a participação ativa nos sacrossantos mistérios e na oração pública e solene da Igreja" (TS, intr.).

A preocupação com a participação de toda a assembleia na ação litúrgica desencadeou uma série de esforços, como: a publicação de missais pequenos, com a tradução dos textos litúrgicos, para o povo acompanhar a missa; atividades de formação litúrgica para padres e leigos; a divulgação de livros e revistas que explicavam o sentido da ação litúrgica, da celebração e dos ritos; a pesquisa história e teológica sobre a tradição litúrgica, sobretudo a do primeiro milênio; e a promoção de uma espiritualidade cristã radicada na liturgia, isto é, na celebração do mistério de Cristo.

Como centros de pesquisa, destacaram-se as abadias de Mont-César, da qual fazia parte Beauduin, e de Maria Laach, na Alemanha. O tema da espiritualidade ganhou um enorme impulso por meio das obras do Beato Columba Marmion (1858-1923), prior de Mont-César e depois abade de Maredsous, também na Bélgica. Dessa forma, o movimento litúrgico configurou-se como um esforço em favor da inteligibilidade do sinal litúrgico-sacramental, em vista de uma renovação espiritual. Tratava-se de colocar os fiéis novamente em contato com a força da liturgia, de promover o encontro com o mistério de Cristo (Flores, 2006, p. 84).

O estudo e a pesquisa incidiram na vida litúrgica das comunidades, pouco a pouco. Sobretudo nos mosteiros se experimentaram novos caminhos, em linha com a tradição litúrgica do primeiro milênio: na Semana Santa de 1914, em Maria Laach, celebrou-se pela primeira vez uma missa de tipo dialogado, fruto do encontro, no ano anterior, de Ildefons Herwegen (1874-1946), que logo em seguida se tornou abade, com um grupo de jovens leigos que lhe expressou o desejo de uma maior participação na liturgia. Em 1926, também em Maria Laach, celebrou-se pela primeira vez *versus populum*, isto é, com o altar entre o presidente e a assembleia. As mudanças que mais se espalharam foram a introdução de cantos populares na celebração, em vernáculo, e a leitura dos textos bíblicos da missa também em vernáculo, por um leigo, enquanto o padre, para cumprir a rubrica, os lia em voz baixa em latim (Flores, 2006, p. 78).

O movimento litúrgico espalhou-se por toda a Europa, com maior ou menor penetração nas comunidades. No Brasil, chegou em 1933, por obra do alemão Martinho Michler (1901-1969), monge do mosteiro de São Bento do Rio de Janeiro e, mais tarde, seu abade e padre conciliar. Tanto aqui como lá houve, é claro, reações de quem ou se sentia demasiado ligado às devoções, supervalorizando-as em relação à liturgia, ou acreditava que a inteligibilidade da celebração era uma questão secundária ou até mesmo nociva à sua "sacralidade" (Buyst; Silva, 2003; Flores, 2006).

Pio XII (papa de 1939 a 1958) também se empenhou em um projeto de reforma litúrgica, reformando durante a década de 1950 o ritual da Semana Santa, recolocando a vigília pascal na noite do sábado – havia séculos ela estava sendo celebrada, por incrível que pareça, na manhã do sábado –, atenuando o jejum eucarístico e mostrando-se favorável ao uso do vernáculo em algumas partes da celebração. Segundo ele,

> o movimento litúrgico apareceu como um sinal das providenciais disposições divinas no nosso tempo, como uma passagem do Espírito Santo na sua Igreja para aproximar ainda mais os homens

> aos mistérios da fé e às riquezas da graça, que provêm pela participação ativa dos fiéis na vida litúrgica. (Papa Pio XII, 1956, tradução nossa)

Contudo, já antes disso, em 1947, a sua encíclica *Mediator Dei* foi um marco para o movimento litúrgico. Ela é a primeira encíclica da história totalmente dedicada à liturgia. Nela, Pio XII consolidou a liturgia como um tema teológico e pastoral, planos muito maiores do que o legalismo com o qual ela tinha sido tratada. Ainda que o papa tenha mantido algumas reservas críticas quanto a alguns desenvolvimentos do movimento litúrgico, os princípios teológicos da encíclica permaneceram como base para uma reforma litúrgica de grande magnitude – basta ver, por exemplo, o quanto eles penetram no texto da *Sacrosanctum Concilium*, a constituição dogmática do Concílio Vaticano II sobre a liturgia (Flores, 2006, p. 271-285).

Com esse longo percurso desde o início do movimento litúrgico, os tempos se tornaram maduros para uma reforma mais efetiva. O sucessor de Pio XII, São João XXIII (papa de 1958 a 1963), convocou o Concílio Vaticano II, que se desenrolou de 1962 a 1965, em quatro grandes sessões. O Papa João morreu em 1963, antes do início da segunda sessão. Como seu sucessor, foi eleito o Beato Paulo VI (papa de 1963 a 1978), que levou o concílio avante.

O objetivo do concílio era que toda a Igreja pudesse anunciar o Evangelho e agir pastoralmente de forma a responder às exigências do nosso tempo. Nesse intuito, o concílio herdou, então, todo o caminho do movimento litúrgico e fez da liturgia um de seus temas prioritários. De fato, o primeiro documento promulgado pelo concílio, em dezembro de 1963, foi a *Sacrosanctum Concilium*. Essa constituição dogmática, que pediu uma reforma geral do rito romano e estipulou os princípios para tanto, recebeu 2.147 votos a favor dos padres conciliares e apenas quatro contrários.

A constituição deixou claro que, na liturgia, há "partes susceptíveis de modificação, as quais podem e devem variar no decorrer do tempo, se porventura se tiverem introduzido nelas elementos que não correspondam tão bem à natureza íntima da Liturgia ou se tenham tornado menos apropriados" (SC, n. 21). Por isso, pediu que os textos e ritos fossem revisados de modo a exprimir "com mais clareza" o seu significado e propiciar que "o povo cristão possa mais facilmente apreender-lhes o sentido e participar neles por meio de uma celebração plena, ativa e comunitária" (SC, n. 21).

A reforma exigida pela *Sacrosanctum Concilium* começou efetivamente em janeiro de 1964, quando o Beato Paulo VI instituiu uma comissão de bispos e especialistas para esse fim. Pouco a pouco, foram feitas pequenas alterações na celebração eucarística segundo o rito romano até que, em 1969, o Papa Paulo promulgou o novo Missal Romano, com a constituição apostólica *Missale Romanum*. Nos anos seguintes, aconteceu a revisão dos outros ritos e a publicação dos novos rituais.

Vamos, rapidamente, comparar como se celebrava a eucaristia, segundo o rito romano, antes da sua reforma e atualmente. As diferenças mais evidentes estão na língua e na orientação do presidente. A reforma permitiu e incentivou o uso do vernáculo na liturgia. Antes, o rito romano só podia ser celebrado em latim – inclusive, como vimos, as leituras bíblicas. A disposição dos fiéis em torno do altar também mudou: antes, os altares eram unidos à parede, de tal maneira que o presidente dava as costas para a assembleia durante quase toda a celebração. A reforma incentivou a construção de altares desgrudados da parede para que se disponham no centro, entre presidente e assembleia, e assim todos possam pelo menos ver o que se passa no altar – afinal, a liturgia é feita de sinais sensíveis. Mesmo que a celebração com o padre de costas para a assembleia – chamada comumente e impropriamente de *versus Deum* – ainda seja possível, sobretudo em celebrações menores em altares unidos à parede, a regra é a celebração *versus populum*.

Repare, porém, que o importante aqui não é se o presidente está ou não voltado para a assembleia. Mesmo na celebração *versus Deum*, o presidente sempre se volta para a assembleia quando se dirige a ela. O verdadeiro ponto de referência não é a troca de olhares entre presidente e assembleia – por mais importante que ela seja nos momentos próprios para isso –, mas o altar e o que acontece sobre ele. Em geral, a celebração *versus Deum* distancia a assembleia de boa parte daquilo que constitui a liturgia, isto é, os sinais sensíveis que se realizam sobre o altar. Por isso que uma celebração *versus Deum* pequena, em que o povo consiga se aproximar do altar, circundando-o, também não é nenhum escândalo. Nas *domus ecclesiae* e nas basílicas dos primeiros séculos, isso era comum: a assembleia não se fixava em apenas um lugar durante toda a celebração – os bancos são uma introdução bem posterior –, mas se agrupava em torno do ambão na liturgia da Palavra e junto do altar na liturgia eucarística.

Um dos pontos mais significativos da reforma foi prover uma maior abundância de leituras bíblicas nas celebrações. Antes, na eucaristia dominical, lia-se apenas um trecho de uma carta do Novo Testamento e um trecho do Evangelho. A reforma trouxe para a liturgia também os textos do Antigo Testamento, dos Atos dos Apóstolos e do Apocalipse, fazendo com que cada domingo tenha três leituras, além do salmo, e reestruturando a sua disposição de tal maneira que, em um ciclo de três anos, boa parte das Escrituras é lida. Para ser mais preciso, se contarmos os domingos e dias de semana – excetuando os formulários para festas e outros tipos de celebração –, lemos hoje na celebração eucarística 13,5% do Antigo Testamento e 71,5% do Novo. Antes da reforma litúrgica, líamos 1% do Antigo Testamento e 16,5% do Novo (Just, 2009).

As orações eucarísticas também se diversificaram, bem como o número de prefácios. Antes, rezava-se apenas o cânon romano – hoje chamado de *Oração Eucarística I* – e o prefácio era sempre aquele que hoje chamamos *da Santíssima Trindade*, exceto nas festas. Foram restaurados a oração dos fiéis, o rito da paz, formas mais variadas de ato penitencial e o uso do credo apostólico – antes, a única opção era o credo niceno-constantinopolitano.

O antigo "ofertório", hoje mais propriamente chamado de *preparação dos dons*, foi reformulado, de modo a deixar mais claro o seu significado. Para isso, bebeu-se da liturgia hebraica e da liturgia cristã dos primeiros séculos. Inseriu-se uma aclamação da assembleia após a consagração do pão e do vinho – e, na tradução brasileira, várias aclamações durante a oração eucarística. O pai-nosso, antes, era reservado ao presidente; a assembleia – na prática, o coro ou o acólito – só dizia a última frase, em latim. A comunhão passou a poder ser recebida também nas mãos e de pé, forma em uso no primeiro milênio. Recebê-la de joelhos e sobre a língua passou a ser opcional.

Foram deixadas de lado as "orações ao pé do altar", que o presidente fazia antes de subir os degraus do altar; a duplicação de alguns ritos durante a celebração – fazia-se, por exemplo, um novo ato penitencial antes da comunhão; o uso de alguns paramentos, como o manípulo e as luvas pontificais; e o "último evangelho" – sempre se lia o prólogo do Evangelho de João no fim da celebração. Tudo isso sem contar a reforma dos outros rituais, além do da eucaristia, e do ano litúrgico.

Esse longo caminho legou à Igreja um grande tesouro. O caminho, é claro, não acabou: toda essa renovada compreensão da liturgia ainda tem necessidade de chegar de modo mais profundo e vivo às nossas comunidades. É por estar assentada em bases tão sólidas que "a reforma litúrgica é irreversível" (Papa Francisco, 2017). Isso não significa que o rito romano, como o conhecemos hoje, permanecerá assim para sempre, mas que os passos que foram dados até agora devem ser valorizados. Se em algumas comunidades a liturgia parece banalizada, a saída não é revisar as escolhas da reforma litúrgica, mas conhecer melhor as suas razões, o seu caminho, as suas preocupações, como fizemos aqui, compreendendo que o centro da reforma litúrgica é a experiência pessoal e comunitária do mistério de Cristo.

Síntese

A liturgia cristã tem suas raízes na liturgia hebraica, com a qual tem uma série de continuidades. A liturgia da Palavra e a forma da oração eucarística – elementos centrais da celebração eucarística – são devedoras respectivamente do culto da sinagoga e da *berakah*, a oração de louvor.

Eucaristia, nome que se fixou para designar a principal celebração cristã, é a tradução grega de *berakah*, "ação de graças".

Ao mesmo tempo, a originalidade do cristianismo supôs algumas rupturas com o culto hebraico, entre os quais a ideia da superação dos sacrifícios do templo e a transferência do dia litúrgico do sábado para o domingo.

Os cristãos, desde o início, reuniam-se no primeiro dia da semana, o domingo, para celebrar a eucaristia. Inicialmente, isso se dava nas casas, no âmbito de uma refeição fraternal.

A partir do século III, os costumes litúrgicos locais de cada comunidade se consolidaram, dando origem, no século V, às grandes famílias litúrgicas. O rito romano se estruturou e, ao mesmo tempo, passou das casas para as basílicas.

Isso se dá dentro da mentalidade latina, que deixou a sua marca no rito romano, caracterizado acima de tudo por sua "nobre simplicidade": é conciso, sóbrio, sem espaço para "penduricalhos".

No final do primeiro milênio, a vida litúrgica da Igreja de Roma estava em crise e, para tentar reavivá-la, introduziu-se na cidade o uso dos rituais franco-germânicos, de índole diferente da do rito romano. A mentalidade daqueles povos estava marcada pelo gosto pelo drama, pela linguagem sentimental e pelo pavor diante da divindade, e isso acabou entrando no rito romano.

Ao mesmo tempo, a participação da assembleia se reduziu ao mínimo: desenvolveu-se a noção de que a liturgia é feita pelo padre e o povo só assiste, sem participar nem mesmo entender. A eficácia passou a ser concebida de modo meio "mágico". Até a comunhão passou a ser recebida muito raramente.

Com isso, o povo passou a recorrer às devoções, de modo que sua vida espiritual se divorciou da liturgia.

O Concílio de Trento, no século XVI, cortou vários abusos, mas os ritos em si pouco mudaram. Houve uma centralização, impondo-se o rito romano a todo o Ocidente. Alimentou-se o rubricismo e o uniformismo. O barroco deu uma nova roupagem estética à liturgia, mas não resolve a falta de participação do povo.

Com o iluminismo, houve um primeiro movimento em direção à valorização da dimensão pastoral da liturgia. Cresceu também o interesse pela divulgação das fontes litúrgicas antigas.

São Pio X, em 1903, falou da participação ativa da assembleia. A afirmação catalisou as tímidas aspirações que já circulavam e, em 1909, teve início o movimento litúrgico, uma corrente de estudo, reflexão e renovação da liturgia.

A reforma da liturgia iniciada por Pio X teve continuidade com Pio XII, que publicou a primeira encíclica dedicada à liturgia, a *Mediator Dei*. Com o percurso do movimento litúrgico, os tempos se tornaram maduros para uma reforma mais efetiva, que se deu através do Concílio Vaticano II, com a constituição *Sacrosanctum Concilium*.

Atividades de autoavaliação

1. Considerando a herança da liturgia hebraica na liturgia cristã dos primeiros séculos, assinale a alternativa **incorreta**:
   a) As primeiras comunidades cristãs assimilaram elementos da liturgia hebraica, entre eles, diversas aclamações litúrgicas, como "amém", "hosana", "aleluia" e "pelos séculos dos séculos".
   b) Os primeiros ritos celebrados pela comunidade dos discípulos de Jesus assumiram naturalmente formas da liturgia hebraica, pois Jesus e os seus primeiros discípulos eram judeus e participavam das celebrações, dos ritos e das festas do seu povo.
   c) As primeiras comunidades cristãs assimilaram elementos da liturgia e oração hebraica, por exemplo, a liturgia da Palavra; bem como promoveram descontinuidades, como a superação dos sacrifícios do templo.
   d) A celebração da eucaristia nas primeiras comunidades cristãs se caracterizava por um momento que corresponde ao que chamamos de *liturgia eucarística*, sendo que somente no século V surgiram elementos que formaram o que corresponde hoje à liturgia da Palavra.

2. A respeito do desenvolvimento do rito romano, marque V para verdadeiro e F para falso.
   ( ) A estruturação e a regulamentação do rito romano acompanharam a legalização e posterior oficialização do cristianismo no Império Romano e a consequente transição dos ritos litúrgicos das catacumbas para as basílicas.
   ( ) A amplitude das basílicas e a influência do cerimonial imperial permitiram a inserção de três grandes procissões durante a celebração eucarística: a procissão de entrada dos ministros,

a procissão com a Bíblia antes das leituras e a procissão para receber as espécies consagradas.

( ) O rito romano caracteriza-se por uma nobre simplicidade. Evitam-se "penduricalhos" litúrgicos, elementos supérfluos, teatralidade.

( ) A mentalidade romana não trouxe apenas a sobriedade e a concisão, mas também o perigo de uma linguagem jurídica e moralista estranha à fé cristã, que poderia obnubilar a centralidade do mistério pascal de Cristo.

Assinale a alternativa que apresenta a sequência correta:

a) V, F, V, V.
b) V, V, V, F.
c) V, F, V, F.
d) F, V, F, V.

3. Considerando os principais aspectos da liturgia romana na Idade Média, desenvolvida nos séculos IX a XV, assinale a alternativa **incorreta**:

a) A liturgia romana assimilou aspectos da mentalidade franco-germânica, a qual contribuiu para renovar a vida litúrgica e espiritual de Roma, mas também trouxe ao centro da cristandade ocidental uma mentalidade portadora de sérias distorções da mensagem cristã.
b) Gregório VII, visando ao combate à corrupção do clero, ressaltou a necessidade de que aquele que preside a liturgia viva uma vida santa, o que contribuiu para a clericalização da liturgia, que, via de regra, passou a ser vista como atividade própria e quase exclusiva dos padres.

c) O crescimento das devoções populares é um reflexo da ativa participação do povo nas celebrações litúrgicas que o desenvolvimento da liturgia nesse período conseguiu alcançar.
d) A participação da assembleia reduziu-se ao mínimo. Bastava estar presente com a intenção implícita e genérica de honrar a Deus. Daí expressões usadas pelo povo até hoje, como "assistir à missa" e "ouvir missa", enquanto o padre "reza missa".

4. Considerando as características da liturgia tridentina (séculos XVI a XIX), marque a alternativa **incorreta**:
   a) São Pio V promulgou o Breviário Romano e o Missal Romano.
   b) O barroco conferiu uma nova roupagem estética à liturgia.
   c) O Concílio de Trento permitiu que os diversos ritos locais da Europa Ocidental permanecessem vigentes.
   d) Houve uma tendência rubricista e centralizadora da liturgia.

5. Com relação à reforma litúrgica do Concílio Vaticano II e o lugar da Sagrada Escritura na celebração, marque a alternativa correta:
   a) A reforma litúrgica manteve o "último Evangelho" ao final de cada celebração eucarísica.
   b) Com a reforma litúrgica, cada domingo passou a ter duas leituras, além do salmo e do Evangelho.
   c) A reforma litúrgica eliminou da liturgia textos difíceis do Antigo Testamento que eram lidos na celebração eucarística antes do Concílio Vaticano II.
   d) A reforma litúrgica manteve o uso do vernáculo na liturgia da Palavra, que já era vigente desde o Concílio de Trento.

Atividades de aprendizagem

Questões para reflexão

1. Como a sua comunidade vive a centralidade da liturgia, com relação a práticas piedosas como as devoções populares? Existe o risco de que as devoções (novenas, terço etc.) aparentem ser mais importantes que a celebração da eucaristia?

2. A reforma litúrgica do Concílio Vaticano II procurou livrar o rito romano de elementos desnecessários. Na sua comunidade, a celebração é concisa e se atém ao essencial, ou foram introduzidos elementos que acabam prolongando desnecessariamente a celebração (orações fora do lugar, bênçãos adicionais, uma série de homenagens etc.)?

Atividade aplicada: prática

1. Ao participar de uma celebração eucarística em sua comunidade, procure identificar a qual período da história da Igreja remete cada momento do rito. Perceba que boa parte da estrutura essencial vem dos primeiros séculos, mas que cada momento da história deixou alguma marca na celebração, inclusive o último século.

Parte 2

Celebração

4

A liturgia, ação de Deus e do seu povo[1]

1 Todas as passagens bíblicas utilizadas neste capítulo são citações de Bíblia (2017). As notas presentes nas citações bíblicas foram suprimidas.

Quem participa da ação litúrgica? A liturgia é um encontro entre Deus e o seu povo. Esses são os agentes da celebração: são eles que fazem com que ela aconteça. Neste capítulo, veremos na Seção 4.1 de que maneira Deus age na liturgia e, em seguida, na Seção 4.2, o papel da assembleia como celebrante da ação litúrgica. Depois, na Seção 4.3, "A participação ativa", entenderemos que a assembleia participa de maneira plena, consciente e ativa e, na seção seguinte, que ela se manifesta em uma rica pluralidade ministerial. Por fim, no último item deste capítulo, ficará claro que se faz necessária uma verdadeira iniciação à liturgia para que essa participação aconteça.

4.1 A ação de Deus na liturgia

A liturgia é sempre um encontro. O encontro, obviamente, requer dois rostos – no caso, o de Deus e o de seu povo. O ponto focal desse encontro é Deus, porque é ele quem promove esse encontro. Por isso, podemos dizer que o principal agente da liturgia é Deus. Nós podemos fazer de tudo, mas se ele não se faz presente, não há liturgia, não há celebração do mistério de Cristo. Não podemos inventar do zero a nossa forma de culto, o que equivaleria a inventar a nossa imagem de Deus – que poderia muito bem, ao fim, ser apenas um ídolo. Segundo Ratzinger (2015, p. 19), a liturgia seria um "jogo vazio" ou, pior, "o abandono do Deus vivo camuflado sob o manto da sacralidade". Desapareceria "aquela experiência de libertação, que acontece lá onde se realiza um verdadeiro encontro com o Deus vivo" (Ratzinger, 2015, p. 19).

Por isso, a liturgia não é apenas toda ela dirigida ao Pai, como se partisse em última instância de nós mesmos, mas é resposta suscitada pelo próprio Pai, pelo Filho e no Espírito, ao amor que ele derrama sobre nós. Deus está no início e no fim dessa resposta, suscitando-a e novamente fazendo de si mesmo resposta às nossas palavras e aos nossos sinais. O Pai nos recebe, nos acolhe, proclama a nossa dignidade de filhos amados, derrama o seu Espírito. Para Borobio (2009, p. 33), "tudo o que significamos, tudo o que fazemos e dizemos na celebração litúrgica e sacramental são tão somente formas humanas pelas quais expressamos a presença atuante e salvadora de Deus invisível, mas misteriosamente visível através dos sinais".

Essa obra é mediada por Cristo, único "mediador entre Deus / e os homens" (1Tm 2,5). "Sem a presença real do mistério de Cristo, não há qualquer vitalidade litúrgica. Assim como sem pulsações cardíacas não há vida humana, do mesmo modo sem o coração pulsante de Cristo não existe qualquer ação litúrgica" (Papa Francisco, 2017). Por isso, dizemos que a liturgia é, como vimos, exercício da função sacerdotal de Cristo, cabeça e membros (SC, n. 7). Cristo age, assim, pelos **sinais sacramentais** (CIC, n. 1084), não meramente emitindo algum tipo de "força", fazendo alguma mágica, mas vindo ele mesmo ao encontro dos seus (AL, n. 73) – o que chamamos de *graça* é a comunhão com ele, e não qualquer tipo de "energia"; é, portanto, uma relação, não uma coisa.

Cristo faz-se presente no seu corpo – a assembleia celebrante, incluindo o ministro que a preside –, na Palavra proclamada, na oração elevada ao Pai em seu nome e no pão e no vinho eucaristizados, fazendo-se alimento dos seus, expressando ao máximo a sua natureza de ser "para os outros" (SC, n. 7). Por meio de todos esses canais, ele nos configura como o seu corpo, santificando-nos, banhando-nos no seu Espírito e impulsionando também a nossa existência a ser pão repartido para a vida do mundo e vinho da alegria derramado no coração da humanidade.

Tudo isso acontece por meio do oceano de amor entre o Pai e o Filho, isto é, o **Espírito Santo**. O Espírito Santo é o âmbito no qual acontece o culto cristão e, na verdade, toda a vida cristã. "Com efeito, não recebestes um espírito de escravos, para recair no temor, mas recebestes um espírito de filhos, pelo qual clamamos: *Abba*! Pai! O próprio Espírito se une ao nosso espírito para testemunhar que somos filhos de Deus" (Rm 8,15-16).

Essa presença atuante do Espírito se manifesta de um modo claro na **epiclese**, ou seja, naquela parte da oração litúrgica em que se pede explicitamente que o Pai envie o seu Espírito – e no gesto da imposição das mãos, bem como na unção. No entanto, não só o Espírito Santo "é a memória viva da Igreja" (CIC, n. 1099): ele nos recorda a nossa história pessoal e comunitária de salvação e, sendo o amor da Trindade, nos dá a compreensão do seu sentido. Essa memória da ação salvífica de Deus na história também está presente na oração litúrgica, costuma estar unida à epiclese e chama-se *anamnese*. Por meio da anamnese, o Espírito recorda o mistério de Cristo e, pela epiclese, o atualiza, o torna presente. Juntas, **anamnese** e **epiclese** são o centro da celebração, o seu coração (CIC, n. 1092-1107).

A liturgia é, pois, obra da Trindade – na qual, como membros de Cristo, estamos inseridos. Poderíamos sintetizar essa ação trinitária do seguinte modo:

> O dinamismo trinitário da liturgia consiste no fato de que em cada celebração, de sua própria maneira, o Pai nos dá o seu Filho feito homem; Cristo atua em nós para unir-nos vitalmente a ele como filhos no Filho e nos oferece ao Pai; o Pai nos acolhe em Cristo para amar-nos com o mesmo amor com que ama o Filho feito carne, para que nós o amemos com o amor de Jesus Cristo; e cada passo desse movimento se realiza por obra do Espírito Santo. (Celam 2005, p. 30)

Ou, de forma ainda mais sintética, podemos tomar a própria liturgia para dizer que toda ação litúrgica se dá "por Cristo, com Cristo e em Cristo" a "Deus Pai todo-poderoso" "na unidade do Espírito Santo".

4.2 A assembleia celebrante

Quem é que celebra a liturgia? Por muito tempo se disse que o padre é quem celebra – até hoje esse modo de falar ainda está presente em muitas de nossas comunidades. É verdade, o padre celebra a liturgia – mas não só ele. O *Catecismo da Igreja Católica* (CIC, n. 1140) é bem claro quando diz que é toda a comunidade que celebra. Isso porque a liturgia é ação do Cristo total, cabeça e membros (CIC, n. 1136); é exercício do sacerdócio cristão, isto é, do único sacerdócio da nova aliança, o de Cristo, do qual somos membros (CIC, n. 1141). A assembleia inteira é o "liturgo" – que é o Cristo, o mediador –, "cada qual segundo sua função, mas 'na unidade do Espírito' que age em todos" (CIC, n. 1144).

Pedro diz que somos "uma *raça eleita, um sacerdócio real, uma nação santa,* o *povo de sua* [de Deus] *particular propriedade,* a fim de que proclameis as excelências daquele que vos chamou das trevas para sua luz maravilhosa" (1Pd 2,9). Os membros dessa "comunidade sacerdotal", que nela tomam parte pelo batismo – pela liturgia! –, "são destinados pelo caráter batismal ao culto da religião cristã" (LG, n. 11). Dessa maneira,

> Pela participação no sacrifício eucarístico de Cristo, fonte e centro de toda a vida cristã, oferecem a Deus a vítima divina e a si mesmos juntamente com ela; assim, quer pela oblação quer pela sagrada comunhão, não indiscriminadamente, mas cada um a seu modo, todos tomam parte na acção litúrgica. (LG, n. 11)

Alguns trechos dos ritos litúrgicos explicitam essa participação, como quando o presidente, na Oração Eucarística I, diz, referindo-se a "todos que circundam este altar": "Eles vos oferecem conosco este sacrifício de louvor por si e por todos os seus". Em outro momento, faz referência à "oferenda dos vossos servos e de toda a vossa família". E um pouco depois expressa claramente: "nós, vossos servos, e também vosso povo santo, vos oferecemos, ó Pai, dentre os bens que nos destes, o sacrifício perfeito e santo, pão da vida eterna e cálice da salvação".

É reunida em assembleia litúrgica que a Igreja exprime melhor o seu próprio rosto. Na verdade, as próprias palavras *assembleia* e *Igreja* são intercambiáveis: *igreja* vem do grego εκκλησία (*ekklesía*), que significa precisamente "convocação", "assembleia" – de καλέω (*kaléo*), "chamar". No Novo Testamento, εκκλησία designa três realidades que são, em última instância, indissociáveis: a comunidade universal dos discípulos (por exemplo, Gl 1,13), a comunidade local (por exemplo, 1Cor 16,1) e a assembleia litúrgica (por exemplo, 1Cor 11,18). De fato, formando um só corpo de entre todas as nações, a Igreja de Deus concretiza-se nas comunidades locais, que se expressam e, mais ainda, se realizam como assembleias litúrgicas (Celam, 2004).

Na Septuaginta, o termo hebraico *qahal*, que designa a reunião do povo de Deus, é traduzido também como εκκλησία. Com efeito, a vontade de Deus é reunir em si toda a humanidade. Sua vontade salvífica diz respeito a cada um de nós de um modo pessoal, mas não individual, ou seja, Deus relaciona-se intimamente com cada um de nós, mas não nos concebe como seres isolados. A revelação cristã não seria necessária se Deus desejasse nos salvar apenas enquanto indivíduos isolados. A sua vontade de salvação diz respeito a um povo, que pressupõe uma compreensão do ser humano como ser relacional e integrado em um todo (LG, n. 9; Ratzinger, 2005). Desse ponto de vista, podemos afirmar sem pestanejar: "Ninguém vive só. Ninguém peca sozinho. Ninguém se salva sozinho" (SS, n. 48).

Deus nos estimula a reconhecer essa estrutura relacional do mundo, essa nossa dependência uns dos outros, e a buscarmos uma unidade cada vez maior, na qual nenhum rosto seja estranho. Assim, se a Igreja é sinal e instrumento dessa unidade do gênero humano (LG, n. 1), a assembleia litúrgica é a expressão visível da Igreja: nela, "carregamos em nós a semente, o germe, o embrião da unidade de toda a humanidade" (Buyst, 2012, p. 35).

É nesse sentido que se insere o gesto litúrgico mais central do cristianismo, isto é, a **eucaristia**. "Comungar, comer e beber o pão e o vinho eucarísticos, não é um ato individual, mas profundamente comunitário: somos feitos um só corpo em Cristo, pelo poder do Espírito Santo, para juntos continuarmos hoje a missão messiânica dele" (Buyst, 2012, p. 32). Podemos traçar aqui um paralelo com o que vimos no Capítulo 2 sobre a relação entre a liturgia em sentido estrito – os ritos, a celebração – e a liturgia em sentido amplo – a vida inteira como culto agradável ao Senhor. A celebração litúrgica faz de nós, Igreja, corpo de

Cristo, o *sinal* da unidade do gênero humano, de forma que possamos ser também, na vida concreta, *instrumento* dessa unidade. O carisma cristão não é meramente individual, mas social: "Não somos cristãos porque é necessário ser cristão para salvar-se, mas somos cristãos, isso sim, porque, para a história, é necessária e faz sentido a diaconia cristã" (Ratzinger, 2005, p. 185). Precisamente isso é exercer o sacerdócio cristão, não só na celebração litúrgica, mas em toda a nossa vida.

É importante darmos atenção a isso, para que, de fato, nos entendamos como assembleia, como comunidade. A imagem da Igreja está profundamente vinculada à imagem de nossas celebrações. "Pode-se afirmar: 'Diz-me como celebras e te direi como crês e fazes Igreja'" (Borobio, 2009, p. 49). A índole de toda a liturgia é comunitária, assim como a índole de toda a história da salvação. A pertença à Igreja não é só um fenômeno institucional ou a adesão a uma doutrina, mas é a pertença a uma comunidade concreta com rostos concretos; é não ter receio de tocar o outro, de vivermos juntos; é convívio, é aceitação, é caminhada comum, é mistura de sangue, suor e lágrimas com o outro – e com Cristo.

O mesmo se pode dizer da experiência litúrgica. É claro que faz parte de uma participação ativa, como veremos na Seção 4.3, adiante, a consciência pessoal do mistério celebrado, a participação interior. Contudo, a experiência litúrgica não se restringe a isso – se assim o fosse, a celebração ideal seria meramente a justaposição de muitos fiéis que, isoladamente, rezam com intensidade e "espiritualmente" se unem ao mistério celebrado, sem necessidade de unidade afetiva e efetiva entre si. Uma visão assim trairia a própria natureza da liturgia e da Igreja, que é a de ser assembleia, ser εκκλησία, ser povo. "A Igreja presta culto a Deus e celebra a liturgia na medida em que é o corpo de Cristo" (Celam, 2004, p. 132).

Lembremos: o cristão dá glória a Deus em toda a sua vida; assim, recusar-se a ser corpo com os demais, a entrar em comunhão com todos, é inevitavelmente a recusa de uma resposta de amor a Deus, que se alegra na unidade dos seus filhos. Se estamos fechados àqueles que Deus ama, se preferimos o conforto de nossa individualidade, que culto prestamos a ele? "O alcance 'popular' da liturgia recorda-nos que ela é inclusiva e não exclusiva, promotora de comunhão com todos sem, todavia, homologar, pois chama cada um, com a sua vocação e originalidade, a contribuir para edificar o corpo de Cristo" (Papa Francisco, 2017).

Na verdade, podemos até mesmo dizer que não há liturgia sem assembleia (Castellano, 2008, p. 222) – como denuncia o próprio termo *liturgia*, que, como sabemos, significa "obra do povo". Nesse sentido, o magistério insiste que a celebração dos sacramentos seja ordinariamente feita de forma comunitária (SC, n. 27). A eucaristia celebrada apenas pelo presbítero é um caso limite, permitido apenas em circunstâncias muito específicas. O matrimônio deve deixar de ser concebido como uma celebração privada, quase como se o templo fosse apenas o cenário alugado para a cerimônia. O batismo deve ser preferencialmente feito com toda a comunidade, unido à celebração eucarística, para que fique mais visível aquilo que ele é – inserção em um corpo, o corpo de Cristo. Mesmo quanto à reconciliação, é preciso que sejam estimuladas as celebrações penitenciais comunitárias, durante as quais o povo celebra unido a misericórdia de Deus, com confissão e absolvição individuais.

É verdade que toda celebração litúrgica, mesmo uma eucaristia celebrada apenas por um presbítero, é uma celebração de toda a Igreja. No entanto, celebrações assim são muito menos eficazes em expressar, por meio de sinais sensíveis, a dimensão comunitária do povo de Deus e tudo aquilo que acabamos de dizer. É Deus mesmo quem faz uma opção preferencial pela comunidade, pela assembleia: "Pois onde dois ou três estiverem reunidos em meu nome, ali estou eu no meio deles" (Mt 18,20).

4.3 A participação ativa

É o fato de sermos todos celebrantes que exige que participemos ativamente da liturgia. A participação ativa dos fiéis, grande tema do movimento litúrgico (ver Seção 3.5), não é "uma concessão nem uma medida pastoral para alimentar a piedade cristã" e sim "algo que pertence à própria natureza da Igreja, Esposa de Cristo que fala ao Esposo" e à "própria natureza da liturgia, que é oração de Cristo, com seu corpo, ao Pai" (Celam, 2004, p. 133)[1]. Por isso, esse foi um dos grandes pontos da reforma litúrgica pedida pelo Concílio Vaticano II (SC, n. 48):

> É por isso que a Igreja procura, solícita e cuidadosa, que os cristãos não entrem neste mistério de fé como estranhos ou espectadores mudos, mas participem na acção sagrada, consciente, activa e piedosamente, por meio duma boa compreensão dos ritos e orações; sejam instruídos pela palavra de Deus; alimentem-se à mesa do Corpo do Senhor; deem graças a Deus; aprendam a oferecer-se a si mesmos, ao oferecer juntamente com o sacerdote, e não só pelas mãos dele, a hóstia imaculada; que, dia após dia, por Cristo mediador, progridam na unidade com Deus e entre si, para que finalmente Deus seja tudo em todos.

A *Sacrosanctum Concilium* chega a dizer que a participação ativa é necessária para assegurar a **eficácia** da liturgia (SC, n. 11) – em contraste com aquela visão "mágica" de eficácia a que nos referimos anteriormente (ver Seção 3.3). É que, se a liturgia é encontro, é evento comunicativo, então é preciso que a emissão e a recepção da "mensagem" sejam bem-feitas. Da parte da emissão, é possível dizer que a eficácia da liturgia depende "da qualidade do anúncio da 'palavra da salvação', capaz de suscitar uma resposta de fé, e da qualidade significativa

1 Veja também SC, n. 14.

e comunicativa do sinal, do rito" (Buyst, 2011, p. 37) – veremos isso mais adiante, na Seção 5.1. Já da parte da recepção, é necessária a participação ativa, sem a qual a liturgia "fala para as paredes".

A *Sacrosanctum Concilium* cita a participação ativa mais de 15 vezes. Designa-a como uma *participação plena, consciente e ativa* (SC, n. 14), *frutuosa* (SC, n. 11), *interna e externa* (SC, n. 19), *comunitária* (SC, n. 21), *perfeita* (SC, n. 41), *piedosa* (SC, n. 50) e *fácil* (SC, n. 79). Todas essas características se complementam. A participação ativa é plena, ou seja, interior e exterior, totalizante: envolve toda a pessoa, inclusive a sua dimensão relacional.

Pela dimensão interior dessa participação ativa, o cristão escuta com atenção a Palavra, a medita, deixa-se interpelar por ela e pelos sinais litúrgicos, entra na oração da Igreja e a faz sua, de forma consciente. Ele se une à oração de Cristo, que é uma e mesma coisa com a sua entrega ao Pai. Assim, "oferecer-se a si mesmos, ao oferecer juntamente com o sacerdote, e não só pelas mãos dele, a hóstia imaculada" (SC, n. 48). Rezamos não tanto para que o sacrifício de louvor seja aceito pelo Pai, mas para que ele se torne o *nosso* sacrifício, para que toda a nossa vida seja entrega. Compreendida dessa forma, a participação ativa do cristão é um tomar parte na ação que Deus realiza na liturgia. Nessa dimensão da participação, não há diferença entre o ministro ordenado e o leigo, nem entre qualquer ministério que desempenhe alguma função litúrgica: essa participação é igual para todos, é exercício do nosso sacerdócio comum (Ratzinger, 2015).

A dimensão exterior da participação ativa concretiza-se de um modo mais aparente a partir da distribuição adequada dos ministérios litúrgicos: a presidência, as leituras, o salmo, o serviço do altar, os cânticos, a oração dos fiéis, a procissão com os dons, a distribuição da comunhão, o comentário etc. É claro que nem todos os fiéis terão alguma função específica a desempenhar, mas ainda assim essa distribuição é importantíssima. Ela deixa em evidência que toda a comunidade participa da celebração e que o presidente celebra *com* a assembleia e não *para* ela (Buyst; Silva, 2003). Fica claro que somos um corpo, que precisamos uns dos outros, que juntos somos um povo sacerdotal.

No entanto, a dimensão externa não se limita à distribuição das funções. Ela está principalmente no tomar parte nos gestos e nas palavras de que é tecida a celebração, cada um segundo a sua especificidade. Aí se engaja na ação litúrgica todo o nosso corpo: nas diversas posições que assume durante a celebração, na voz que ora, canta e responde, no olhar e na escuta que acompanham atentamente os ritos, no abraço e no beijo da paz, no caminhar em procissão, no tomar e mastigar o pão e no sorver o vinho eucarísticos. No próximo capítulo, deteremo-nos sobre a palavra e o sinal na liturgia.

Já fica claro, porém, que quando se trata de participar ativamente na liturgia, a oposição entre participação interna e externa é falsa. A dimensão interna se manifesta e se reforça pela externa, enquanto a externa não passa de uma casca vazia sem a interna. Ambas se casam, dando à luz "uma maneira 'espiritual' de celebrar e participar, prestando atenção a cada coisa a partir do nosso ser mais profundo: andar, cantar, ler e ouvir, perceber a luz e a escuridão, sentir a água, o incenso, sentar-se, levantar-se, comer e beber, ungir e ser ungido" (Buyst; Silva, 2003, p. 107). Assim, também o ouvir e o olhar atentamente são formas ativas de participação: o leigo não pode viver a oração eucarística apenas aguardando que ela termine, assim como o presbítero não pode fazer do momento das leituras o seu intervalo – e a atenção que um e outro dedicam a esses momentos também se expressa corporalmente. A oração interior passa necessariamente pelos nossos sentidos. O envolvimento do corpo na liturgia faz parte daquilo que ela é (Ratzinger, 2015).

Na constituição *Sacrosanctum Concilium*, essa interdependência está bem clara. Isso se expressa pelas indicações que o documento dá de como se deve favorecer a participação ativa nos diversos elementos da liturgia. Elas concretizam o pedido do concílio de que a participação ativa seja "fácil", isto é, seja favorecida por cada aspecto da celebração, de modo que nada se torne um obstáculo para que unamos o nosso coração ao mistério de Cristo:

- os fiéis devem unir "a sua mente às palavras que pronunciam" (SC, n. 11);
- os ritos precisam expressar com clareza aquilo que significam (SC, n. 21);
- deve-se dar preferência à celebração comunitária (SC, n. 27);
- devem-se promover "as aclamações dos fiéis, as respostas, a salmodia, as antífonas, os cânticos, bem como as ações, gestos e atitudes corporais" e "um silêncio sagrado" (SC, n. 30);
- os ritos devem ser simples, sem duplicações ou acréscimos desnecessários (SC, n. 50);
- o povo deve tomar parte na oração dos fiéis (SC, n. 53);
- a comunhão durante a missa com o pão consagrado naquela mesma celebração é um modo de participação "mais perfeito" (SC, n. 55);
- o canto deve favorecer a participação ativa do povo (SC n. 113 e 121);
- a arquitetura da igreja deve beneficiar essa mesma participação ativa (SC, n. 123).

Por fim, a participação ativa é também caracterizada por ser "piedosa" e "frutuosa", o que nos lembra a ligação entre a liturgia e a vida. A *pietas*, a piedade, é a atitude filial como a de Jesus, que cumpre amorosamente a vontade do Pai. Assim, "não se pode verificar uma participação activa nos santos mistérios, se ao mesmo tempo não se procura tomar parte activa na vida eclesial em toda a sua amplitude, incluindo o compromisso missionário de levar o amor de Cristo para o meio da sociedade" (SCa, n. 55). É a vida que "tem de se tornar 'litúrgica', serviço para a mudança do mundo" (Ratzinger, 2015, p. 146) – o que implica também a nossa participação total:

> Do corpo se pretende muito mais do que o simples carregar aleatório de apetrechos ou coisas semelhantes. Pretende-se o seu empenho pleno na cotidianidade da vida. Pede-se a ele que se torne "capaz de ressurreição", que se oriente para a ressurreição, para o Reino de Deus, tarefa sintetizada na fórmula: seja feita a vossa vontade, assim na terra como no céu. Onde acontece a vontade de Deus, lá a terra se torna céu. Penetrar na ação de Deus para cooperar com ele: é isso que começa na liturgia e depois se desenvolve além dela. Passando pela cruz (a transformação da nossa vontade na comunhão da vontade de Deus), a encarnação deve sempre conduzir à ressurreição – à soberania do amor, que é o Reino de Deus. (Ratzinger, 2015, p. 146-147)

Fica claro, assim, a que se orienta a participação ativa de toda a assembleia na celebração litúrgica: trata-se de penetrar totalmente no mistério celebrado, deixando-nos transformar por Deus-Amor e tornando-nos, desse modo, testemunha e presença do seu amor no mundo. Esse fim – que não pode ser compreendido dentro de uma falsa antropologia que fragmenta as dimensões constitutivas do ser humano, isolando a exterioridade da interioridade – deve ser critério de discernimento para as formas de participação ativa da assembleia.

4.4 Os ministérios a serviço da celebração

Pelo que foi dito até aqui, já sabemos que a assembleia litúrgica não é amorfa, homogênea, mas um povo enriquecido pelo Espírito com uma multiplicidade de carismas; e que a participação na liturgia tem tanto um aspecto que é comum a todo o povo sacerdotal quanto outro que é específico de cada ministério. Nesse sentido, convém recordar as palavras de Paulo: "Há diversidade de dons, mas o Espírito é o mesmo; diversidade de ministérios, mas o Senhor é o mesmo; diversos modos de ação, mas é o mesmo Deus que realiza tudo em todos. Cada um recebe o dom do Espírito para a utilidade de todos" (1Cor 12,4-7).

A palavra *ministro* vem do latim *minister*, cujo significado é "aquele que serve" – vem de *minus*, "menor". Assim, o ministro é aquele que desempenha um serviço. Os ministérios da Igreja dividem-se sobretudo em *ministérios ordenados* e *ministérios leigos*. O ministro ordenado – bispo, presbítero e diácono – atua como ícone de Cristo-cabeça (CIC, n. 1142), isto é, como sinal da relação da Igreja com Cristo, indicando que ela não existe por iniciativa própria e que a comunidade não está fechada em si mesma (Buyst; Silva, 2003; Celam, 2005). Os ministros leigos variam conforme as necessidades locais, discernidas pelo bispo diocesano. Na liturgia, há uma significativa variedade deles: "Os que servem ao altar, os leitores, comentadores e elementos do grupo coral desempenham também um autêntico ministério litúrgico" (SC, n. 29).

A estrutura ministerial da Igreja não é uma tática para atrair os fiéis ou para democratizar a comunidade, nem uma saída para a escassez de ministros ordenados. Ela é reflexo da natureza comunional da Igreja, família em que cada membro participa, a seu modo, de sua missão sacerdotal. Nenhum ministério está acima da assembleia ou fora dela: todos são membros da mesma comunidade e da mesma assembleia litúrgica (Celam, 2004, 2005). A Igreja é "toda ela ministerial, isto é, diferenciada e orgânica" e nela "todos têm o mesmo grau de responsabilidade e de exercício da missão eclesial" (Celam, 2005, p. 120).

Por isso que os ministérios leigos não são um prolongamento do ministério ordenado ou uma delegação sua. O fundamento dos ministérios leigos – e dos ordenados – está no sacerdócio comum dos fiéis, que antecede a ambos (Celam, 2004). É belo que na Igreja ninguém detenha todos os ministérios, todos tenham consciência de seus limites e uns dependam dos outros. Isso manifesta a nossa estrutura relacional: ninguém está isolado, ninguém é autossuficiente. Somos um povo que caminha unido, somos um corpo. "Se o corpo todo fosse olho, onde estaria a audição? Se fosse todo ouvido, onde estaria o olfato? [...] Não pode o olho dizer à mão: 'Não preciso de ti'; nem tampouco pode a cabeça dizer aos pés: 'Não preciso de vós'" (1Cor 12,17.21).

Assim, na liturgia, há ações que são próprias dos ministros ordenados, outras que são próprias dos ministros leigos e ainda outras que pertencem a toda a assembleia (Buyst; Silva, 2003). Dessa maneira, nem todos fazem tudo, nem uma pessoa só faz tudo. Assim é a Igreja! A diversidade de ministérios e a alternância dos serviços que eles desempenham na liturgia a embelezam, "como uma espécie de sinfonia na qual cada instrumento intervém no momento oportuno" (Celam, 2005, p. 122).

A presidência da assembleia é um serviço próprio do ministério ordenado: do bispo, em primeiro lugar, a quem compete presidir sempre que estiver presente; e do presbítero, seu colaborador. Também o diácono pode presidir algumas celebrações, como o batismo, o matrimônio, as exéquias e a celebração da Palavra. A sede – ou, no caso do bispo, a cátedra – é o sinal da presidência de Cristo-cabeça na pessoa do ministro ordenado. No caso de ausência do ministro ordenado, a presidência – nas mesmas circunstâncias que o diácono e sempre segundo as orientações do bispo diocesano – pode ser desempenhada por um leigo, mas tendo muito claro o título de suplência em que isso ocorre: o leigo não preside como sinal de Cristo-cabeça, mas como um membro entre os outros, como moderador do momento celebrativo.

O presidente é aquele que inicia e conclui uma celebração e, no decorrer dela, assume a palavra diversas vezes, tendo basicamente dois destinatários: nas saudações, nas admoestações, na homilia e nas bênçãos, dirige-se à assembleia; nas orações, dirige-se a Deus, sempre em nome da assembleia (SC, n. 33). É preciso que o olhar, os gestos e a voz do presidente indiquem claramente qual é o destinatário de cada ação, já que a sua posição de visibilidade é um meio precioso para conduzir a assembleia ao sentido da celebração. O presidente precisa ser um mistagogo, alguém capaz de conduzir ao mistério pelo testemunho que se expressa em todo o seu ser.

Assim, o presidente "que submetesse sua função presidencial a seus desejos de oração pessoal, 'esquecendo' a assembleia que tem diante de si", estaria tão equivocado quanto aquele que, "ao longo de toda a celebração, não tivesse nenhum momento de contato pessoal, interior, consciente, com Deus" (Celam, 2005, p. 132-133). Se o presidente faz, por exemplo, o convite "oremos", precisa assumir uma atitude orante, de modo a atrair a assembleia para a mesma atitude.

Ao diácono, na celebração eucarística, cabe proclamar o Evangelho, preparar o altar para que o presidente faça a oração sobre os dons, servir junto do altar e distribuir a comunhão. Pode também incensar, fazer a homilia e proferir as preces dos fiéis. Fica evidente, no seu serviço litúrgico, o ministério da Palavra e da caridade de que o diácono é investido.

Do ministério do leitor depende um elemento importantíssimo da celebração, que é a escuta atenta, inteligível e meditada da Palavra de Deus. Por isso, o leitor deve ser uma pessoa preparada para desempenhar esse ministério: precisa se preparar para cada leitura, mergulhando no seu sentido, identificando como ela reflete o mistério da salvação, conhecendo o seu gênero literário e sendo capaz de pôr a entonação da sua voz a serviço das ênfases de cada texto. A essa preparação interior, de estudo e meditação, une-se também a preparação técnica: o cuidado da voz, o desenvolvimento de uma boa dicção, o uso correto dos equipamentos de som etc., conforme o Elenco das Leituras da Missa (ELM), n. 55 (Santa Sé, 1994).

Como o leitor, o salmista precisa deixar-se penetrar pela Palavra de Deus e verdadeiramente fazer dos salmos e cânticos que entoa a sua oração – conduzindo a assembleia a fazer das palavras do salmo também a sua oração. É importantíssima a sua formação técnica, para que saiba entoar de modo belo, simples e inteligível – sem qualquer tendência ao espetáculo – os salmos e cânticos propostos pela liturgia.

O serviço junto ao altar, auxiliando de perto a presidência com os vasos sagrados, o pão e o vinho, o incenso, as velas e os livros litúrgicos, é próprio do ministério do acólito ou do coroinha. Via de regra, reserva-se o termo *acólito* para o acólito instituído por designação do bispo, que pode também distribuir a comunhão, mas por extensão algumas Igrejas locais usam esse termo para se referir aos adolescentes e jovens que desempenham o serviço do altar, de maneira semelhante aos coroinhas. Devem ser formados tanto para o lado prático de suas funções quanto para uma espiritualidade bastante embebida da liturgia e transformada em serviço ao próximo no dia a dia.

Quando passam a ser responsáveis pela preparação da celebração e pela coordenação dos diversos ministérios litúrgicos, podem receber o nome de *cerimoniários*, liderados por um mestre de cerimônias. É um ministério importante, sobretudo na preparação de grandes celebrações.

O coro, ou grupo de canto, serve à assembleia ajudando-a a cantar, e não cantando *para* ela. Os cantores e músicos precisam, por isso, ter uma boa formação, que os faça capazes de discernir os estilos musicais adequados a cada momento, os repertórios apropriados e o modo de conduzir o canto de toda a assembleia. Devem estar em sintonia com o presidente, sem dar margem a improvisos, e prover à assembleia o necessário para que ela possa cantar também. E, é claro, devem avançar constantemente no seu desenvolvimento técnico como cantores e instrumentistas, buscando oferecer o melhor à experiência litúrgica de sua comunidade. Façam, ainda, daquilo que cantam e tocam a sua oração e a sua vida.

O ministro extraordinário da comunhão eucarística distribui o pão e o vinho consagrados junto com os ministros ordenados e os auxilia naquilo que envolve o santíssimo sacramento: levar a reserva eucarística ao tabernáculo ou trazê-la de lá, purificar os vasos, levar a comunhão aos doentes etc. Sua formação exige que conheça bem a liturgia, sobretudo o mistério eucarístico, de modo que possa servir com amor a sua comunidade na distribuição do pão eucarístico e faça da própria vida pão repartido para a vida do mundo.

Existem ainda vários outros ministérios: o comentarista, a acolhida, o sacristão, o coordenador da liturgia etc. O que é comum a todos é que devem fazer do desempenho de suas funções uma expressão do seu serviço à comunidade e uma concretização do exercício de seu sacerdócio cristão, não assumindo nunca a condição de meros funcionários. Seu serviço é um prolongamento da sua experiência de fé, e não algo separado dela. Além disso, é um serviço eclesial, interdependente de outros serviços, como uma pedra em um mosaico: sua única preocupação é compor com os demais, estar inserido no corpo, de modo que apareça apenas o amor de Cristo.

4.5 A necessidade de iniciação litúrgica

Provavelmente, você já se deu conta de que, para uma participação ativa na liturgia, é necessário formação. Não são apenas os ministérios litúrgicos que a exigem, mas o simples participar da liturgia, como assembleia (SC, n. 17). É que os sinais litúrgicos são, sim, comunicativos e sem dúvida de alguma maneira nos tocam, mesmo que não saibamos o seu significado; porém, o seu sentido mais profundo nos escapa se não formos aí introduzidos.

Mais do que *formação*, cabe falar em *iniciação* litúrgica. Isso porque não se trata apenas de uma formação teórica, de uma explanação do significado dos gestos e palavras da liturgia – e muito menos de se limitar a aprender as rubricas –, mas de encontrar o caminho para ir para o lado de dentro do mistério, se mover nele e deixar-se tocar por ele. "A liturgia é vida e não uma ideia a ser compreendida. De fato, leva a viver uma experiência iniciática, ou seja, transformadora do modo de pensar e de se comportar, e não a enriquecer a própria bagagem de ideias acerca de Deus" (Papa Francisco, 2017).

Assim, a catequese litúrgica é uma **mistagogia**, "partindo do visível para o invisível, do significante para o significado, dos 'sacramentos' para os 'mistérios'" (CIC, n. 1075). Já vimos que o tempo da mistagogia, no catecumenato, se dá no tempo pascal porque os dias entre a ressurreição e a ascensão são o tempo de aprender a perceber a presença de Jesus sob outra modalidade – a dos mistérios (ver Seção 1.4).

A exortação apostólica pós-sinodal *Sacramentum Caritatis* propõe três elementos que devem estar presentes em um itinerário mistagógico: a educação da sensibilidade para a linguagem dos sinais e dos gestos; a interpretação dos ritos à luz dos acontecimentos salvíficos; e a ligação entre os mistérios celebrados e a vida em todas as suas dimensões (SCa, n. 64). Vamos ver um por um.

Como o mistério se expressa através dos sinais litúrgicos, na iniciação litúrgica se incluem a **sensibilização simbólica** e a **consciência corporal**. Trata-se de entrar em um outro modo de perceber as coisas, mais atento, mais envolvente, com todo o nosso ser. Sentir a água aspergida sobre nós, o aroma do incenso que queima no turíbulo, a sustância do trigo e o sabor do vinho; sorrir, olhar nos olhos e abraçar com gosto o irmão a quem desejo a paz; deixar-se penetrar profundamente pela música, pela oração, pela leitura da Palavra, pelo silêncio. "Aprender a ver e a realizar as ações litúrgicas como gestos simbólico-rituais, capazes de suscitar uma experiência espiritual. Isso exige sensibilidade para admirar" (Buyst, 2011, p. 44).

Por isso, não é possível formar membros de uma assembleia apenas com ideias e livros. Nessa aprendizagem da ritualidade, entra o corpo, em sua relação com a mente, a afetividade e o espírito. Caso contrário, as consequências serão "liturgias verbalistas, com 'sinais' que não significam, 'símbolos' que não simbolizam, que não atingem as pessoas reunidas em assembleia" (Buyst, 2011, p. 55).

Esse primeiro elemento do itinerário mistagógico nos introduz na linguagem dos sinais litúrgicos. Esses sinais, que têm uma primeira dimensão de nível criatural-antropológico, receberam novos significados nos acontecimentos da história da salvação. Por isso, é necessária também uma **formação bíblica**, capaz de reconhecer na história da salvação o desvelar-se do mistério, para então reconhecer o mistério nos sinais litúrgicos. Por exemplo: é importante reconhecer no pão o sinal do alimento, da nutrição, da morte do grão de trigo que se torna vida para os outros. Contudo, penetramos ainda mais no sinal quando conhecemos episódios como o maná, o encontro de Elias com a viúva de Sarepta, o sacerdócio de Melquisedec etc.

Ao mesmo tempo, a iniciação litúrgica não deve descuidar da **ligação entre a liturgia e a vida**. Precisa ficar claro que o exercício do sacerdócio cristão envolve toda a nossa existência – mais do que uma formação para a liturgia, precisamos de uma iniciação à liturgia para que, então, a liturgia nos forme, faça de nós o corpo de Cristo que vive em favor do outro, que ama. Aliás, a unidade entre liturgia e vida é uma via de mão dupla – também uma experiência encarnada na realidade nos aproxima do mistério celebrado: para Cristo "ser reconhecido na celebração, precisa ser reconhecido primeiro na realidade da vida" (Buyst, 2011, p. 69).

Síntese

Sendo a liturgia um encontro, ela é constituída pela ação de Deus e pela ação humana. Deus, porém, é o seu ponto focal, visto que é ele quem promove esse encontro e suscita em nós a resposta ao seu amor.

Assim, suscitada pelo Espírito que ora em nós, toda a liturgia se dirige ao Pai que nos acolhe na oração de Cristo e proclama a nossa dignidade de filhos amados.

A presença atuante do Espírito Santo na celebração se manifesta de um modo claro na anamnese e na epiclese, que são o centro das celebrações litúrgicas. A anamnese é a memória viva da ação salvífica de Deus na história e a epiclese é a súplica ao Pai para que envie o Espírito, atualizando o mistério de Cristo.

Se a liturgia é exercício do sacerdócio de Cristo, toda a assembleia é celebrante, já que somos todos membros do corpo de Cristo e participantes do seu sacerdócio. A expressão comunitária da celebração litúrgica é indispensável.

Isso corresponde à natureza relacional e comunitária da criação e do plano da salvação. A assembleia litúrgica, expressão visível da Igreja, é assim, de certa forma, o embrião da unidade de toda a humanidade.

A participação ativa dos fiéis é, por isso, uma exigência da natureza da Igreja e da liturgia, e não uma concessão pastoral. Essa participação é plena, ou seja, interior e exterior, envolvendo toda a pessoa.

Interiormente, a assembleia acompanha com o coração toda a ação litúrgica, meditando a Palavra, fazendo suas as palavras das orações e oferecendo-se interiormente junto com Cristo. Em tudo isso, há também uma dimensão exterior, que expressa tudo o que acontece interiormente. Dessa forma, participação interna e externa são indissociáveis.

A participação ativa da assembleia se manifesta de forma ainda mais visível pela distribuição dos ministérios litúrgicos, que é importantíssima mesmo se claramente nem todos os membros da assembleia terão um papel a desempenhar.

Essa diversidade ministerial é um dom do Espírito Santo e reflete a natureza comunional da Igreja.

Existem ministérios ordenados e ministérios leigos. O ministro ordenado é sinal da relação da Igreja com Cristo, indicando que ela não existe por iniciativa própria e que a comunidade não está fechada em si mesma. O ministério leigo não é um prolongamento ou uma delegação do ministério ordenado; a raiz de ambos está no sacerdócio cristão comum.

A participação ativa requer iniciação à vida litúrgica. Essa iniciação é mais do que formação teórica: é mistagogia e envolve a educação da sensibilidade, o conhecimento dos acontecimentos da história da salvação e a ligação entre a liturgia e a vida.

Atividades de autoavaliação

1. Assinale a alternativa que caracteriza anamnese e epiclese, respectivamente:
   a) Fazer memória no Espírito do mistério de Cristo e pedir ao Espírito que o atualize.
   b) Atualizar no Espírito o mistério de Cristo e distribuir no Espírito os ministérios.
   c) Celebrar no Espírito do mistério de Cristo e interceder no Espírito pelos que sofrem.
   d) Ungir no Espírito os fiéis e recordar no Espírito o mistério de Cristo.

2. Sobre quem celebra a liturgia, assinale a alternativa correta:
   a) Somente o padre.
   b) Toda a assembleia.

c) O bispo, o padre e os diáconos.
d) O padre e a equipe litúrgica.

3. Assinale a alternativa que apresenta apenas características citadas na *Sacrosanctum Concilium* para designar a participação ativa dos fiéis na liturgia:
   a) Participação plena, consciente, discreta, ativa e frutuosa.
   b) Participação plena, fácil, comunitária, consciente e ativa.
   c) Participação plena, consciente, comunitária, exigente e ativa.
   d) Participação plena, parcial, consciente, piedosa e ativa.

4. Considere as seguintes afirmações a respeito dos ministérios litúrgicos:
   I. O uso do termo *ministério* para as funções desempenhadas por leigos na celebração é equivocado.
   II. Os ministérios leigos são uma delegação dos ministérios ordenados, existindo para suprir a carência de padres.
   III. O leitor, o cantor, o salmista e o acólito, entre outros, são verdadeiros ministros.
   IV. Os ministros ordenados são: o bispo, o presbítero e o diácono.

   Assinale a alternativa correta:
   a) Apenas as afirmações I e IV são verdadeiras.
   b) Apenas as afirmações III e IV são verdadeiras.
   c) Apenas as afirmações II e III são verdadeiras.
   d) Apenas as afirmações II e IV são verdadeiras.

5. Assinale a alternativa que não corresponde aos elementos que devem estar presentes em um itinerário mistagógico de iniciação litúrgica, propostos pela exortação apostólica pós-sinodal *Sacramentum Caritatis*:

a) A educação da sensibilidade para a linguagem dos sinais e dos gestos.
b) A interpretação dos ritos à luz dos acontecimentos salvíficos.
c) A ligação entre os mistérios celebrados e a vida em todas as suas dimensões.
d) O estudo da língua litúrgica de cada rito – no caso do rito romano, o latim.

Atividades de aprendizagem

Questões para reflexão

1. Como é a participação da assembleia em sua comunidade? É ativa e consciente? Que lacunas existem?

2. Considerando os três elementos da iniciação litúrgica que vimos, como você se vê enquanto membro da assembleia celebrante? Você se considera bem formado nos três? O que falta?

Atividade aplicada: prática

1. Converse com membros da sua comunidade que desempenham algum ministério na liturgia, como coroinhas, ministros extraordinários da sagrada comunhão, cantores, leitores. Pergunte a eles se o exercício desse ministério os ajuda a participar da liturgia de um modo mais vivo.

5

Sinais e palavras na liturgia[1]

1 Todas as passagens bíblicas utilizadas neste capítulo são citações de Bíblia (2017). As notas presentes nas citações bíblicas foram suprimidas.

A celebração litúrgica é composta de sinais sensíveis e de palavras – de Deus e dos seres humanos – cantadas e recitadas. Sinais e palavras estão, na liturgia, indissociavelmente unidos. Eles constituem como que a "matéria-prima" de que é feita a celebração, a sua linguagem.

Neste capítulo, vamos falar do uso litúrgico dos sinais – a sacramentalidade da liturgia e a sua ritualidade nas Seções 5.1 e 5.2 – e das palavras, quer da Palavra de Deus, que veremos na Seção 5.3, quer da oração humana, na Seção 5.4. Por fim, ficará claro que é necessário ter em conta a cultura de cada comunidade para que gestos e palavras sejam de fato expressão comunicativa, assunto que será tratado na Seção 5.3.

5.1 A sacramentalidade da liturgia

A liturgia é composta por **sinais sensíveis**, que "significam e, cada um à sua maneira, realizam a santificação dos homens" (SC, n. 7). É a isso que chamamos *sacramentalidade* da liturgia. *Sacramentum* é um termo latino que foi usado para traduzir o grego *mystérion*. Apesar disso, há uma pequena diferença de nuance entre um termo e outro, pois enquanto ***mistério*** designa a grande realidade que é celebrada na liturgia, ***sacramento*** refere-se precisamente aos sinais sensíveis que, ao mesmo, tempo revelam e escondem uma realidade invisível – o mistério (Buyst; Silva, 2003).

Quando falamos de *sinais sensíveis,* deve ficar claro que estamos nos referindo a tudo aquilo que interpela os nossos sentidos – o tato, a visão, o olfato, o paladar, a audição. A realidade ao nosso redor é assimilada por cada um de nós em um processo que envolve claramente a matéria, o corpo. Não há outra forma de conhecermos o mundo e até mesmo de percebermos as realidades espirituais a não ser por meio da matéria (CIC, n. 1146).

Basta olharmos para a própria celebração litúrgica. O pão, o vinho, o óleo; a imposição das mãos, o gesto da bênção, o abraço e o beijo da paz; o caminhar, o sentar, o ajoelhar-se, o estar em pé – tudo isso é materialidade e corporeidade, que se tornam mediações para a nossa relação com Deus.

Esses elementos não se reduzem, porém, apenas à matéria em si mesma. Eles estão carregados de significados antropológicos, culturais, bíblicos e cristãos. Justamente por isso, esses gestos e coisas nos comunicam algo: são sinais. A nossa vida está permeada deles – não apenas na liturgia. Quando um esposo dá flores à esposa, estamos falando de um sinal, porque esse gesto não se reduz a si mesmo; ele comunica algo que não se vê. Praticamente tudo aquilo que fazemos está carregado de um significado dado pela cultura. O mesmo vale para a nossa relação com Deus (CIC, n. 1146).

Como vimos na Seção 1.3, o próprio Deus age por meio de sinais. Não há outro caminho, se ele quer se comunicar com os seres humanos. "Como ser social, o homem tem necessidade de sinais e de símbolos para comunicar com o seu semelhante através da linguagem, dos gestos e de ações" (CIC, n. 1146). Assim, na história da salvação, elementos da natureza, como a água e o fogo, e gestos da nossa vida social, como a unção e a partilha do pão, se tornam "o lugar de expressão da ação de Deus" (CIC, n. 1148). Ao significado cultural desses gestos são acrescentadas novas camadas de sentido – eles se tornam sinais da salvação: sinais da aliança e sinais de Cristo.

Aliás, a própria pessoa de Jesus Cristo é "o sinal essencial e definitivo" da comunicação de Deus com os seres humanos (Celam, 2004, p. 152). Na encarnação, Deus se fez "sinal sensível": podemos tocar em Jesus, vê-lo, ouvi-lo – "Ele é a Imagem do Deus invisível" (Cl 1,15). Por isso, Cristo "é o sacramento original e fontal" (Celam, 2004, p. 152).

Na liturgia, os sinais, ainda que sejam em si mesmos verdadeiramente uma forma de linguagem, são acompanhados de palavras que aprofundam o seu significado (CIC, n. 1153). Essa é precisamente a lógica da revelação, como já vimos anteriormente (DV, n. 2). Assim, podemos dizer que "a lógica do sacramento pertence à lógica da linguagem" (Buyst, 2011, p. 36), uma linguagem constituída por palavras e ações que são indissociáveis (CIC, n. 1155). Isso porque, como diz a *Sacrosanctum Concilium*, esses sinais ao mesmo tempo "significam" e "realizam" a nossa santificação (SC, n. 7). "Gesto e palavra são de tal forma unidos que podemos dizer que a palavra é também 'gesto' ou ação sacramental: faz acontecer aquilo que enuncia. E o gesto é também 'palavra', porque proclama e revela pelo fato de realizar" (Buyst; Silva, 2003, p. 122).

É a palavra – a Palavra de Deus, que narra o acontecimento salvífico – que torna o elemento material um sinal de salvação. O elemento, por sua vez, visibiliza e põe em ação a palavra anunciada (Buyst, 2011). Dessa forma, os sacramentos são eficazes: são sinais ("significam") e instrumentos ("realizam") da nossa salvação.

Aqui precisa ficar claro que os sinais realizam precisamente por meio de "um processo de comunicação significativa", e não por mágica nem por automatismo (Buyst, 2011, p. 52). Por isso, é preciso estar atento para que o sinal de fato comunique aquilo que deve comunicar. "O mistério nos atinge (ou não!) dependendo da expressividade na realização do rito. A comunicação do mistério passa por gestos e palavras sugestivas, expressivas, isto é, através de uma linguagem que toca nosso ser por inteiro" (Buyst, 2011, p. 41). A "qualidade significativa e comunicativa do sinal", aliada à "qualidade do anúncio da 'palavra da salvação', capaz de suscitar uma resposta de fé" (Buyst, 2011, p. 37), são requisitos para que a celebração litúrgica seja eficaz, isto é, toque-nos e transforme-nos.

Um ponto importante a ser observado aqui é a chamada *veracidade* do sinal, isto é, a sua autenticidade, a sua expressividade (Buyst, 2011). A Instrução Geral do Missal Romano, por exemplo, pede que o pão usado na eucaristia "pareça realmente um alimento" e possa ser partido e distribuído (IGMR, n. 321). Infelizmente, nossas celebrações sofrem de uma espécie de minimalismo nada saudável, em que o pão, por razões meramente práticas e econômicas, não parece pão; o vinho é o mínimo e não é dado aos fiéis; ninguém vê o óleo do crisma, reduzido a pequenas gotas em um algodãozinho; a assembleia está disposta muitas vezes como "plateia", e não como quem participa e celebra; o batismo deixou de ser um "banho" há muito tempo etc.

Se é pelos sinais sensíveis que celebramos o mistério, precisamos senti-los! Que diferença em um batismo que seja verdadeiramente vivido como um banho, um mergulho nas águas que, como um útero, nos comunicam a filiação divina! Que diferença quando se vê o óleo dourado do crisma em uma galheta transparente e se sente o seu aroma de bálsamo e a sua textura suave em nossa fronte! Que diferença mastigar e sentir a sustância do pão que nos alimenta nesta caminhada e o sabor alegre do vinho que é a nossa verdadeira vida – ambos partilhados entre todos! Enfim, que maravilhosa e sábia pedagogia está escondida nos sinais litúrgicos, quando não são compreendidos de modo mágico e automático, e sim como aquilo que são: sinais sensíveis do mistério do amor de Deus!

Por fim, precisamos esclarecer uma coisa. Nós temos o costume de chamar de "sacramentos" apenas aqueles sete, fixados oficialmente pelo Concílio de Trento no século XVI: o batismo, a confirmação, a eucaristia, a ordem, o matrimônio, a penitência e a unção dos enfermos. Em seu sentido original, porém, como vimos, *sacramento* é todo sinal sensível no qual Deus se manifesta e age. O Concílio Vaticano II diz, por exemplo, que a Igreja é um "sacramento", isto é, "sinal" e "instrumento" da "íntima união com Deus e da unidade de todo o gênero humano" (LG, n. 1). Agostinho, no século V, enumerava mais de 300 sacramentos. Lutero, no século XVI, reservou o termo apenas para o batismo e a eucaristia – mas continuava celebrando a penitência, a ordem e outros sacramentos.

Nesse sentido, podemos fazer a seguinte distinção: em sentido amplo, *sacramento* é tudo aquilo que nos revela o rosto e a ação de Deus, sejam os elementos da criação (o sol, as árvores, as flores etc.), as pessoas (o pobre, o doente, o casal, o celibatário, o mártir etc.), os acontecimentos (um gesto de caridade, o nascimento de uma criança, uma festa etc.) e tudo o mais. Já em sentido estrito, *sacramentos* são as ações litúrgicas que a comunidade celebra "e que se tornam para nós, cristãos, sinais de referência para perceber, desvendar, discernir, ler os sinais sacramentais em sentido amplo" (Buyst; Silva, 2003, p. 114).

5.2 Corporeidade e ritualidade

Como foi possível perceber ao falar da sacramentalidade da liturgia, o corpo está completamente implicado na celebração. "Não há qualquer ação espiritual ou psíquica que não envolva a corporeidade. Portanto, não há outro lugar ou meio para fazer a experiência de Deus e nos encontrar com ele, a não ser em nossas experiências corporais" (Buyst; Silva, 2003, p. 118). Por isso, é possível dizer que "o mais verdadeiro da fé se realiza somente na concretude do corpo" (Borobio, 2009, p. 29).

É o ser humano todo que ora e celebra. "A necessidade de associar os sentidos à oração interior corresponde a uma exigência da natureza humana. Nós somos corpo e espírito e experimentamos a necessidade de traduzir exteriormente os nossos sentimentos" (CIC, n. 2702). Essa expressão exterior que o corpo dá à nossa experiência interior faz dele "o primeiro símbolo do homem" (Borobio, 2009, p. 28).

É verdade que, em dado período da história da Igreja, o corpo foi visto de modo depreciativo (Borobio, 2009). No entanto, a concepção bíblica e a dos primeiros cristãos entendia a unidade entre o corpo e o espírito de um modo bem diferente. Existe uma profunda unidade entre a exterioridade e a interioridade do ser humano, que formam apenas uma natureza (CIC, n. 365). *Corpo* e *alma* são as formas como a cultura clássica greco-romana chama essas duas realidades indissociáveis – há outras, como *carne* e *sangue* para os antigos semitas e *rosto* e *coração* para os maias, por exemplo (Celam, 2004, p. 152).

> Se o homem aspira a ser somente espírito e quer rejeitar a carne como uma herança apenas animalesca, então espírito e corpo perdem a sua dignidade. E se ele, por outro lado, renega o espírito e consequentemente considera a matéria, o corpo, como realidade exclusiva, perde igualmente a sua grandeza [...] nem o espírito ama sozinho, nem o corpo: é o homem, a pessoa, que ama como criatura unitária, de que fazem parte o corpo e a alma. (DCE, n. 5)

Por isso, na liturgia, essas duas realidades não podem estar separadas. O corpo não atrapalha a nossa oração, o nosso louvor, a nossa celebração. Pelo contrário, ajuda-nos, ou melhor, é a única forma que temos de celebrar, como vimos. A nossa voz, a nossa postura, os nossos gestos, o nosso olhar – tudo isso são atitudes corporais. Elas permitem que o nosso relacionamento com Deus vá além das palavras; elas dizem aquilo que as palavras não conseguem dizer, e de um modo que nos toca intensamente. A inclinação do corpo feita consciente e expressivamente; o beijo terno na cruz como na sexta-feira da paixão; o abraço apertado que expressa a comunhão entre os irmãos; as mãos erguidas em oração, como quem se entrega e se eleva totalmente ao Pai... Isso tudo não é mero adereço, mas reforça, intensifica, concretiza e até mesmo constitui a nossa oração (Vergote, citado por Celam, 2004, p. 327). "A alergia ou o medo da expressão corporal" prejudica a celebração (Borobio, 2009, p. 26).

É por isso que, como vimos na seção "A necessidade de iniciação litúrgica", do Capítulo 4, existe a necessidade de que a consciência corporal faça parte da formação litúrgica. Só assim poderemos viver com intensidade a multiplicidade dos gestos que compõem a celebração – fazer o sinal da cruz, bater no peito, caminhar, lavar as mãos, sentar em atitude de escuta, partir o pão, recebê-lo, ungir e ser ungido, aspergir e ser aspergido, beijar, abraçar etc. –, fazendo deles a nossa oração.

À gestualidade presente na celebração litúrgica, preenchida de sentido, ordenada e capaz de estabelecer um sistema comunicativo, damos o nome de *ritualidade*. "O rito é uma das formas mais importantes de estar e comunicar-se com os outros": nele se dá uma "autocomunicação comunitária", de tal modo que "participar do mesmo rito é compartilhar as mesmas significações, adotar as mesmas atitudes, comprometer-se nos mesmos atos" (Borobio, 2009, p. 28-29).

É sempre importante lembrar que no próprio termo *liturgia* está contida a ideia de obra, de trabalho, de ação: a liturgia é algo que se faz, como expressa o próprio Jesus: "Fazei isto em memória de mim". Assim, a celebração se dá precisamente como rito: "Celebrar é expressar o mistério em ação ritual" (Buyst, 2011, p. 26); "significa potencializar a forma ritual, vivenciá-la com todo o nosso ser, para que assim sejamos atingidos e transformados pelos mistérios que celebramos" (Buyst, 2011, p. 18). Veja bem: não se trata de ritualismo. Antes de prosseguir, é necessário esclarecer essas distinções.

Os *ritos* são gestos e palavras que constituem a celebração litúrgica. *Ritual* é um conjunto de ritos sistematizado – a palavra também dá nome aos livros que contêm os rituais: Ritual de Bênçãos, Ritual do Matrimônio, Ritual do Exorcismo etc. A *ritualidade* é a dimensão ritual da liturgia, "trabalho expressivo, comunicativo, simbólico", que "envolve todas as dimensões do ser humano que realiza o rito"; já o *ritualismo* é a degeneração da ritualidade: é quando o rito é "reduzido a formalismo, a exterioridade, sem dimensão simbólica" ou como mero fetiche (Buyst, 2011, p. 51).

O perigo do ritualismo está sempre à espreita, quer em tendências ditas "conservadoras", quer nas ditas "progressistas". Existem algumas precauções que podem nos ajudar a não cair nesse perigo:

> "Moderação ritual", empregando os ritos em ritmo e momentos adequados; "sobriedade e discrição", uma vez que não se trata de uma repetição gesticulante ou teatral; "habitabilidade", ou seja, fazer da ação ritual um momento de paz, acolhida, verdade, comunicação e esperança; "vigilância", com a revisão permanente da

> eloquência dos ritos e de sua sintonia com a fé e a sensibilidade do povo; "distância crítica", quer dizer, submeter e aceitar a crítica que sobre nossa ação ritual pode fazer a assembleia por diversos meios. (Borobio, 2009, p. 30)

Dessa maneira, o rito pode estar verdadeiramente a serviço da comunidade e de sua ação celebrativa: ele "recria a comunidade, atualiza o seu 'relato fundante' ou o seu ideal evangélico, manifesta a sua identidade publicamente, comunica a própria comunidade com outras comunidades, é sinal que anuncia e chama à participação, à igualdade, à fraternidade" (Borobio, 2009, p. 29). Se o mistério é o significado, o rito é o significante (Buyst, 2011), e assim torna o mistério presente, constituindo a comunidade e dando-lhe a sua identidade.

Pensando nisso, é interessante a reflexão que faz o Padre Zezinho (2017, p. 136):

> Fiz um sinal da cruz e disse: – Não é o principal sinal dos católicos. Fiz mais gestos, como abraçar, abençoar e ia dizendo: – Nem este, nem este. Finalmente peguei um pão, o reparti e distribuí entre os presentes e disse: – Este, é o gesto que todos os dias a Igreja faz na missa. É o gesto que pode mudar o mundo!

Nesse pequeno texto, está latente a existência de uma diferença entre ritos fundamentais e ritos complementares. Existem ritos que constituem o núcleo de uma ação ritual. A sua raiz está nas Escrituras e na Tradição, e por isso eles não podem ser alterados em sua estrutura básica, porque são eles que conferem identidade à Igreja. Entre eles estão: na eucaristia, pronunciar a ação de graças sobre o pão e o vinho, partilhá-los e comer e beber juntos; no batismo, o banho com a água e a referência à Trindade. Outros ritos complementam e explicitam o sentido contido nos ritos fundamentais. Eles são muito importantes, mas estão mais ligados à mentalidade de capa época e local e, por isso, com muito discernimento, podem, e às vezes precisam, ser alterados ou adaptados de alguma maneira (Borobio, 2009), como veremos na Seção 5.5.

O rito gera ainda uma saudável tensão de dimensão escatológica e profética. Afinal, como sinal, o rito nunca representa perfeitamente o seu significado, pois a comunidade, em sua limitação, nunca realiza de modo pleno e perfeito aquilo que ele expressa. Assim, o rito permanece provocativo, denunciando a situação atual e impelindo-a em direção ao ideal evangélico (Borobio, 2009). Os ritos são, por assim dizer, "ensaios do mundo novo, antecipação da realidade futura do Reino de Deus" (Buyst; Silva, 2003, p. 113)[1].

5.3 A liturgia e as Sagradas Escrituras

Como vimos no item anterior, "A sacramentalidade da liturgia", os sinais sensíveis estão unidos indissociavelmente a palavras. Essas palavras podem ser a Palavra de Deus ouvida e meditada e também a palavra humana, a palavra da Igreja que responde àquele que nos amou primeiro. Vamos falar neste ponto do uso litúrgico das Escrituras e, no seguinte, do uso litúrgico da oração.

Já sabemos que, quando as Escrituras são lidas na liturgia, é o próprio Jesus que está presente e nos fala (SC, n. 7). "Efetivamente, na Liturgia Deus fala ao Seu povo e Cristo continua a anunciar o Evangelho" (SC, n. 33) – e o nosso coração arde quando ele nos fala e explica as Escrituras (Lc 24,32). Mais: sabemos que o próprio Jesus é a Palavra eterna de Deus (Jo 1,1-14). Ele é "a Palavra única, perfeita

1 Ver também Ratzinger (2015, p. 17-18).

e insuperável do Pai. N'Ele o Pai disse tudo. Não haverá outra além dessa" (CIC, n. 65). Assim, "Através de todas as palavras da Sagrada Escritura, Deus não diz mais que uma só Palavra, o seu Verbo único, em que totalmente Se diz" (CIC, n. 102).

Por isso, a Palavra tem uma verdadeira eficácia – não é mera preparação ao sacramento, mas ela mesma é sacramental, eficaz, transformadora (Celam, 2005). Ela não é "simples informação", mas "realiza o que significa e transforma a situação de seus ouvintes, gera nova vida" (Celam, 2005, p. 144), "Pois a Palavra de Deus é viva, eficaz e mais penetrante do que qualquer espada de dois gumes; penetra até dividir alma e espírito, junturas e medulas. Ela julga as disposições e as intenções do coração" (Hb 4,12). A Palavra que sai da boca de Deus não volta a ele sem produzir fruto (Is 55,10-11).

Isso porque o mesmo Espírito que inspirou as Escrituras habita em nós e nos abre os olhos para a sua compreensão. Assim, ele atualiza as palavras do texto bíblico, dando-lhes vida e conferindo-lhes eficácia (CIC, n. 1100; Celam, 2005).

As Escrituras nasceram no ambiente litúrgico. Como vimos, desde o início a celebração eucarística esteve composta de liturgia da Palavra e liturgia eucarística, como vimos na Seção 3.1. Na assembleia litúrgica, os discípulos testemunhavam o que Jesus havia dito e feito e interpretavam a sua vida, morte e ressurreição, a partir de sua experiência e da meditação daquilo que hoje chamamos *Antigo Testamento*. As cartas dos apóstolos eram lidas na assembleia e, mais tarde, o testemunho e a interpretação das comunidades foram recolhidos em quatro Evangelhos. São esses escritos que compõem o que chamamos *Novo Testamento* (Buyst; Silva, 2003, p. 125-126).

Foi graças a esse papel na celebração litúrgica que as Escrituras chegaram até nós. De fato, um dos critérios para a canonicidade dos livros bíblicos foi o seu uso litúrgico. Assim, "o texto sagrado da Bíblia não chegou até nós como um tema de erudição, mas por meio da celebração"

(Celam, 2005, p. 145). Nada mais natural, já que no judaísmo a palavra proclamada na assembleia já era sinal da presença de Deus. Por isso, tanto no judaísmo quanto na fé cristã, "o lugar privilegiado da leitura, interpretação e celebração da Sagrada Escritura é a comunidade" (Celam, 2005, p. 146), reunida para a ação litúrgica (Buyst; Silva, 2003, p. 132).

Com isso em mente, a reforma litúrgica do Concílio Vaticano II buscou preparar para os fiéis "com maior abundância, a mesa da Palavra de Deus" e abrir "mais largamente os tesouros da Bíblia" (SC, n. 51), de modo a "desenvolver aquele amor suave e vivo à Sagrada Escritura" (SC, n. 24). Nós já vimos como isso se efetivou na prática na Seção 3.5. Acrescentem-se a essas medidas a permissão para o uso do vernáculo, a revalorização do ambão como lugar da proclamação da Palavra e a abertura para que os leigos pudessem realizar as leituras e temos uma verdadeira revolução, em profunda fidelidade à Tradição viva da Igreja. Antes da reforma litúrgica, as poucas leituras eram feitas em latim, do altar (voltado para a parede), pelo padre. A restauração da liturgia da Palavra é uma das maiores heranças da reforma litúrgica.

Para que a Palavra de Deus seja alimento eficaz para a assembleia, são necessárias certas disposições. O texto escrito precisa ser proclamado, oralizado, anunciado no seio de uma comunidade concreta (Celam, 2004). Essa comunidade não é "uma aglomeração qualquer", mas uma comunidade de fé, formada por pessoas que conhecem Jesus Cristo, aderem a ele e dele dão testemunho em suas vidas através do serviço, do amor, da unidade (Buyst; Silva, 2003, p. 126). O ambiente também precisa favorecer a escuta: a liturgia da Palavra precisa transcorrer em um clima de celebração e de oração.

> A Liturgia da Palavra deve ser celebrada de tal modo que favoreça a meditação; por isso, deve ser de todo evitada qualquer pressa que impeça o recolhimento. E integram-na também breves momentos de silêncio, de acordo com a assembleia reunida, pelos quais, sob

a ação do Espírito Santo, se acolhe no coração a Palavra de Deus e se prepara a resposta pela oração. (IGMR, n. 56)

A Palavra deve ser celebrada e acolhida em um clima de oração (Celam, 2005, p. 164-165), de "existência responsorial". Por isso, as leituras "vêm acompanhadas de salmos, aclamações, preces, atitudes do corpo, procissões, velas e incenso, porque não se trata de 'passar ideias' ou informações, mas de realizar um encontro entre os parceiros da Aliança" (Buyst; Silva, 2003, p. 131). Assim, a Palavra não é apenas lida, mas "ressoa no espaço", "entra em nossos ouvidos, provoca pensamentos e emoções", "deixa-nos alegres, ou preocupados, ou nos questiona" (Buyst; Silva, 2003, p. 127). A escuta da Palavra é eficaz porque é um encontro.

E em que consiste essa eficácia? É a transformação de vida que vem a partir da luz da Palavra. Por isso essa Palavra é celebrada, escutada, meditada e também interpretada. "Procuramos no texto bíblico, que vem do passado, uma luz que nos faça enxergar e compreender nossa própria vida hoje, vista a partir de Deus. Dessa forma, Bíblia e vida se iluminam mutuamente" (Buyst; Silva, 2003, p. 127). É com toda a nossa bagagem que a Palavra nos encontra, oferecendo a sua luz para que cada um possa "perceber a presença amorosa e libertadora do Senhor em sua própria vida, em sua história, em sua realidade" (Buyst; Silva, 2003, p. 130). Assim, a Palavra opera a sua força: anima, consola, exorta, levanta, desafia, confronta, denuncia, alegra, interpela, profetiza, cura, liberta, salva. Por isso,

> devemos desconfiar de liturgias da Palavra, homilias, círculos bíblicos... que não levem a que os surdos ouçam, os cegos vejam, os encarcerados sejam libertados, os pobres saiam de sua situação de exclusão (social, econômica, política, cultural, eclesial), as políticas de exclusão passem pela crítica do Evangelho... Quando a Palavra autêntica de Deus é anunciada, por atos e palavras, os pobres reconhecem a presença e a ação transformadora do

> Deus-Conosco que lhes dá força e coragem para se erguer, conscientes de sua dignidade de filhos e filhas de Deus. (Buyst; Silva, 2003, p. 129)

É a serviço dessa interpretação e atualização da Palavra que está a *homilia*, palavra que em sua origem carrega o sentido de "conversa familiar". É a ruminação da Palavra em família, conduzida pelo presidente da celebração ou por outro ministro ordenado, atualizando-a na vida da comunidade – de modo que nos tornemos "praticantes da Palavra e não simples ouvintes [...]" (Tg 1,22). Com isso, a homilia se torna uma espécie de ponte entre a liturgia da Palavra e a liturgia eucarística, na medida em que, por meio do alimento servido na mesa da Palavra, prepara a assembleia para renovar a nova e eterna aliança na mesa eucarística e na vida (Buyst; Silva, 2003).

É claro que a Escritura não se faz presente na liturgia apenas através das leituras, já que "com o seu espírito e da sua inspiração nasceram as preces, as orações e os hinos litúrgicos; dela tiram a sua capacidade de significação as ações e os sinais" (SC, n. 24). Toda a celebração está encharcada de textos bíblicos: da saudação inicial ao rito da comunhão, dos vários cânticos à preparação dos dons.

5.4 Oração, música e silêncio

Em resposta à Palavra que Deus nos dirige, a liturgia, como verdadeiro encontro e diálogo, incorpora também a voz da oração. Aliás, podemos mesmo dizer que a liturgia é constitutivamente oração. Já vimos na Seção 3.1 que a eucaristia é herdeira da *berakah* hebraica, a ação de graças, a oração de louvor. Essa oração de ação de graças é pronunciada, desde a última ceia, pelos lábios de Jesus, cabeça e membros, único sacerdote da nova aliança.

Desse modo, se falamos que Deus se dirige a nós por meio de sua Palavra e nós lhe respondemos com a oração, isso não deve supor um abismo entre nós e Deus. Pelo contrário, a nossa oração é uma com a do Filho, o único mediador. Deus não está, portanto, apenas do lado de lá, como se apenas recebesse a nossa oração; no Filho, ele ora em nós. Cristo se faz presente "quando a Igreja reza e canta" (SC, n. 7). Essa é a característica básica da oração cristã: ela é a oração de Cristo, cabeça e membros.

Basta lançarmos um olhar para as orações que compõem a celebração eucarística para percebermos isso claramente. Repetidas vezes, ouvimos ao fim da oração: "Por Cristo, Senhor nosso", ou "Por nosso Senhor Jesus Cristo, vosso Filho, na unidade do Espírito Santo". O destinatário maior de toda a prece litúrgica é o Pai. Perceba que pouquíssimas vezes nos dirigimos a Cristo: apenas no *Kyrie* e no rito da paz, além de outras partes menores. O mais comum – tanto na liturgia como na vida cristã – é que nós, filhos no Filho, um só com Cristo, nos dirijamos ao Pai.

E tudo isso ocorre no Espírito Santo, "espaço" no qual acontece a relação do Filho e dos filhos com o Pai. Banhados no Espírito do Filho, podemos, enfim, chamar Deus de *Pai*. Na celebração eucarística, raras vezes nos dirigimos diretamente ao Espírito, mas pedimos ao Pai que o envie sobre os dons e sobre a comunidade, para que torne um e outro corpo de Cristo – trata-se, como já vimos, da epiclese, que costuma vir unida à anamnese, em que o Espírito nos recorda a presença amorosa de Deus em nossa história.

A oração litúrgica é, assim, eminentemente trinitária. Ela é a oração do Filho – cabeça e membros –, dirigida ao Pai no Espírito de Amor. "Com a dinâmica litúrgica, situamo-nos assim no cerne do Evangelho" (Celam, 2005, p. 197).

Justamente assim, a oração litúrgica é a oração própria da Igreja. Ela expressa melhor quem a Igreja é e como ela ora (Celam, 2005). Por isso, o estilo da oração litúrgica preza pela objetividade. Ela "não é de cunho psicológico, expressando nossas angústias e desejos, nossos pensamentos e sentimentos. É de ordem teológica: fala a Deus das coisas de Deus, com as próprias palavras que aprendemos dele" (Buyst; Silva, 2003, p. 138) – ela é marcadamente bíblica. É por essas razões que a oração litúrgica é a oração de toda a Igreja, não deste ou daquele grupo, ou deste ou daquele fiel. Precisamente assim, ela nos introduz na realidade comunitária, seja a comunidade local, seja a Igreja universal (Celam, 2005).

Isso não significa que a oração litúrgica seja a única forma de oração cristã. Poderíamos dizer que os modos de rezar são tantos quanto são os filhos de Deus. No entanto, as características da oração litúrgica fazem-na, sim, modelo e escola para toda a nossa vida de oração.

Também a objetividade própria da oração litúrgica não significa que ela deva brotar de um coração insensível e se expressar em uma voz impessoal. O presidente da celebração, a quem cabe a maior parte das orações, precisa deixar transparecer uma verdadeira atitude de oração, colocando-se na presença de Deus-Amor. Da mesma maneira, as palavras da oração litúrgica esperam encontrar na assembleia corações sequiosos de Deus, que vibram ao chamá-lo de "Pai" e sabem encontrar o caminho da fonte interior que os torna capazes de fazer suas as palavras da liturgia (Buyst; Silva, 2003).

O conjunto de orações propriamente litúrgicas, bem como o seu estudo, é chamado de *eucologia*. Dentre as orações presidenciais, podemos distinguir entre *eucologia maior* e *eucologia menor*. A primeira categoria refere-se às grandes orações que invocam a ação de Deus nos sacramentos e sacramentais: em primeiro lugar, a oração eucarística, também chamada de *cânon* (regra) ou *anáfora* (oblação), mas também orações como a bênção dos óleos dos catecúmenos e dos enfermos e a confecção do santo crisma, a oração de ordenação de bispos, presbíteros e diáconos, a oração de dedicação da igreja e do altar, a oração sobre a água na vigília pascal e nas celebrações batismais, a oração de confirmação etc. Essas orações são constituídas geralmente por três elementos que já conhecemos: a **anamnese**, a **epiclese** e o **gesto ritual** (Buyst; Silva, 2003).

Vamos tomar como exemplo a **oração eucarística**, o modelo de todas as eucologias maiores. Sabemos que essa oração se inicia com um diálogo entre a presidência e a assembleia. Em seguida, vem o prefácio, no qual rendemos graças (não esqueça que *eucaristia* significa "ação de graças") ao Pai pelo mistério de nossa salvação, com os tons próprios da festa ou do tempo litúrgico que celebramos. O prefácio encerra-se introduzindo o Santo, que integra a nossa oração à de toda a criação, inclusive aquela que já está na glória (Celam, 2005).

Depois disso, vem a prece eucarística propriamente dita. Vamos identificar os seus elementos tomando como exemplo a Oração Eucarística II (Missal Romano, p. 477-481).

Quadro 5.1 – Elementos da oração eucarística, com base na OE II

Epiclese	Na verdade, ó Pai, vós sois santo e fonte de toda santidade. Santificai, pois, estas oferendas, derramando sobre elas o vosso Espírito, a fim de que se tornem para nós o Corpo e † o Sangue de Jesus Cristo, vosso Filho e Senhor nosso.
Aclamação	**Santificai nossa oferenda, ó Senhor!**
Instituição	Estando para ser entregue e abraçando livremente a paixão, ele tomou o pão, deu graças e o partiu e deu a seus discípulos, dizendo: TOMAI, TODOS, E COMEI: ISTO É O MEU CORPO, QUE SERÁ ENTREGUE POR VÓS. Do mesmo modo, ao fim da ceia, ele tomou o cálice em suas mãos, deu graças novamente o deu a seus discípulos, dizendo: TOMAI, TODOS, E BEBEI: ESTE É O CÁLICE DO MEU SANGUE, O SANGUE DA NOVA E ETERNA ALIANÇA, QUE SERÁ DERRAMADO POR VÓS E POR TODOS, PARA A REMISSÃO DOS PECADOS. FAZEI ISTO EM MEMÓRIA DE MIM. Eis o mistério da fé!

(continua)

(Quadro 5.1 – conclusão)

Aclamação (a principal)	**Todas as vezes que comemos deste pão e bebemos deste cálice, anunciamos, Senhor, a vossa morte, enquanto esperamos a vossa vinda!**
Anamnese	Celebrando, pois, a memória da morte e ressurreição do vosso Filho, nós vos oferecemos, ó Pai, o pão da vida e o cálice da salvação; e vos agradecemos por que nos tornastes dignos de estar aqui na vossa presença e vos servir.
Aclamação	**Recebei, ó Senhor, a nossa oferta!**
Epiclese	E nós vos suplicamos que, participando do Corpo e Sangue de Cristo, sejamos reunidos pelo Espírito Santo num só corpo.
Aclamação	**Fazei de nós um só corpo e um só espírito!**
Intercessão	Lembrai-vos, ó Pai, da vossa Igreja que se faz presente pelo mundo inteiro: que ela cresça na caridade com o papa N., com o nosso bispo N. e todos os ministros do vosso povo.
Aclamação	**Lembrai-vos, ó Pai, da vossa Igreja!**
Intercessão	Lembrai-vos também dos nossos irmãos e irmãs que morreram na esperança da ressurreição e de todos os que partiram desta vida: acolhei-os junto a vós na luz da vossa face.
Aclamação	**Lembrai-vos, ó Pai, dos vossos filhos!**
Intercessão	Enfim, nós vos pedimos, tende piedade de todos nós e dai-nos participar da vida eterna, com a virgem Maria, mãe de Deus, com os santos apóstolos e todos os que neste mundo vos serviram, a fim de vos louvarmos e glorificarmos por Jesus Cristo, vosso Filho.
Aclamação	**Concedei-nos o convívio dos eleitos!**
Doxologia ("palavra de louvor")	Por Cristo, com Cristo, em Cristo, a vós, Deus Pai todo-poderoso, na unidade do Espírito Santo, toda a honra e toda a glória, agora e para sempre.
Aclamação	**Amém!**

A **eucologia menor**, por sua vez, refere-se às orações menores, que são principalmente três: a oração do dia, ou coleta – porque recolhe a prece pessoal de cada um em uma oração comum –, a oração sobre as oferendas e a oração depois da comunhão. A coleta é a mais característica delas. Muito menor e mais simples do que as orações eucológicas maiores, ela também contém geralmente uma pequena anamnese e uma pequena epiclese, mais implícitas: uma memória e um pedido, antecedidos pela invocação inicial e concluídos pela expressão trinitária final (Buyst; Silva, 2003, p. 140-141).

Veja, por exemplo, a coleta do sexto domingo do tempo comum (Missal Romano, p. 350): "Ó Deus, que prometestes permanecer nos corações sinceros e retos, dai-nos, por vossa graça, viver de tal modo, que possais habitar em nós. Por nosso Senhor Jesus Cristo, vosso Filho, na unidade do Espírito Santo. Amém". Faz-se primeiro uma pequena anamnese, recordando a ação de Deus ("que prometestes permanecer nos corações sinceros e retos"), e em seguida uma epiclese, um pedido ("dai-nos, por vossa graça, viver de tal modo, que possais habitar em nós").

Outro exemplo: a coleta do quinto domingo da páscoa (Missal Romano, p. 308): "Ó Deus, Pai de bondade, que nos redimistes e adotastes como filhos e filhas, concedei aos que creem no Cristo a liberdade verdadeira e a herança eterna. Por nosso Senhor Jesus Cristo, vosso Filho, na unidade do Espírito Santo. Amém". Aqui você provavelmente já foi capaz de identificar o enunciado anamnético e o pedido epiclético.

Existem ainda, é claro, outros modelos de oração na liturgia, como algumas formas do ato penitencial, o *Kyrie*, o Glória, a oração dos fiéis, as sequências presentes em algumas festas, as aclamações, as ladainhas, os cantos processionais (entrada, preparação dos dons e comunhão) e todo o rito da comunhão: a oração do Senhor (pai-nosso), o seu embolismo ("Livrai-nos de todos os males, ó Pai..."), o rito da paz, o Cordeiro de Deus e a aclamação "Senhor, eu não sou digno...". Nelas, expressamos uma grande variedade de atitudes diante de Deus: súplica, intercessão, adoração, arrependimento, louvor etc.

Desde o início da liturgia cristã, a oração expressou-se não apenas sob a forma recitada, mas também como música. A música não é meramente um adereço, um enfeite, mas parte integrante da liturgia: o canto sagrado está "intimamente unido" à ação litúrgica (SC, n. 112).

Canta-se *a* liturgia, e não *na* liturgia – ou seja, não basta escolher músicas religiosas bonitas, mas, conforme o caso, cantar os próprios textos do rito ou acompanhar o rito com a música adequada a cada momento. Por isso, a música litúrgica não é ocasião de espetáculo – um risco a que ela esteve sujeita em vários períodos da história da Igreja (Buyst; Silva, 2003; Ratzinger, 2015). Pelo contrário, como vimos na Seção 4.4, ela exerce uma "função ministerial" na celebração (SC, n. 112).

Nisso também a liturgia cristã é herdeira da liturgia hebraica, da qual o canto já fazia parte. O Antigo Testamento está permeado de textos compostos para serem cantados, entre os quais se destacam os salmos e o Cântico dos Cânticos – o termo *cantar* e seus derivados ocorrem 309 vezes na Bíblia hebraica (Ratzinger, 2015, p. 115). Os discípulos incorporaram isso à liturgia cristã, que faz ampla referência aos salmos, e compuseram novos cânticos litúrgicos. Sabemos que há trechos das cartas de Paulo e do Apocalipse que são citações de hinos que as assembleias litúrgicas já entoavam, como em Filipenses (2,6-11):

> Ele, estando na forma de Deus
> não usou de seu direito de ser tratado como um deus
> mas se despojou,
> tomando a forma de escravo.
> Tornando-se semelhante aos homens
> e reconhecido em seu aspecto como um homem
> abaixou-se,
> tornando-se obediente até a morte,
> à morte sobre uma cruz.
> Por isso Deus soberanamente o elevou
> e lhe conferiu o nome que está acima do todo nome,
> a fim de que ao nome de Jesus todo joelho se dobre
> nos céus, sobre a terra e debaixo da terra,
> e que toda a língua proclame que o Senhor é Jesus Cristo
> para a glória de Deus Pai.

E também em Apocalipse (11,17-18):

"Nós te damos graças, Senhor Deus Todo-poderoso,
'Aquele-que-é e Aquele-que-era',
porque assumiste o teu grande poder
E passaste a reinar.
As nações tinham-se enfurecido,
mas a tua ira chegou,
como também o tempo de julgar os mortos,
de dar a recompensa aos *teus servos, os profetas,*
aos santos e *aos que temem o teu nome,*
pequenos e grandes,
e de exterminar os que exterminam a terra.

Na verdade, a música sempre esteve ligada ao senso religioso da humanidade. Ela é "expressão predileta do mais profundo do ser humano" (Celam, 2005, p. 276). Por isso, "onde Deus entra em contato com o ser humano, a simples palavra já não basta" (Ratzinger, 2015, p. 115). É esse toque do amor de Deus, o toque do Espírito, que torna cada amante de Deus um cantor de suas maravilhas. "O cântico da Igreja provém, em suma, do amor: é ele que, profundamente, é a origem do cantar. *Cantare amantis est*, diz Agostinho: cantar é próprio do amor" (Ratzinger, 2015, p. 120).

À luz dessas considerações, observemos algumas características próprias da música litúrgica. A primeira é que, nela, o canto tem absoluta preponderância sobre o instrumento. "O instrumento musical pode estar a serviço da voz, dando suporte, porém jamais abafá-la ou encobri-la", pois "é a voz humana que se alegra e louva a Deus, que chora, geme e implora, que expressa o mistério de Cristo" (Buyst; Silva, 2003, p. 146). Trechos musicais exclusivamente instrumentais devem ser usados com muita parcimônia na celebração.

Já acenamos que a música litúrgica pode se relacionar de duas formas com o rito: existe a música que é rito e a música que acompanha o rito. No primeiro caso, a própria ação ritual consiste em cantar determinado texto litúrgico, como o *Kyrie*, o Glória e o Santo. No segundo, o canto acompanha a ação ritual principal. É o caso, principalmente, das três procissões que fazem parte da celebração eucarística: a de entrada, a da preparação dos dons e a da comunhão (Celam, 2005).

Por fim, é importante lembrar que, em vista da participação ativa de toda a assembleia celebrante, é próprio da natureza da liturgia que em geral o canto possa ser entoado por todos, como sublinhou o Concílio Vaticano II (SC, n. 121). Isso requer discernimento na escolha do repertório e do modo de executar as peças musicais. Claro, pode-se prever também que em algumas peças haja uma alternância entre o coro e a assembleia, ou entre um solista e a assembleia. As partes próprias da presidência, como a oração eucarística, podem igualmente ser cantadas. Nisso, é importante promover a participação da assembleia também no sentido de valorizar essa diversidade de opções: uma celebração fica mais interessante com essa alternância de vozes e também com a alternância entre palavra cantada, palavra recitada e silêncio.

O silêncio, aliás, desempenha um papel importantíssimo na celebração (SC, n. 30). Além de promover a interiorização da oração litúrgica, a reflexão, a meditação e o diálogo íntimo da assembleia com o Senhor, o silêncio valoriza a palavra rezada e cantada. Muitas pessoas buscam as celebrações para encontrar esse espaço de quietude, um refúgio revigorante da correria do dia a dia, no qual nosso interior tem mais facilidade para se encontrar com Deus. A liturgia é um diálogo porque nela Deus fala e se revela. Quem se põe à escuta e à espera do outro, silencia (Buyst; Silva, 2003).

5.5 *A necessidade da inculturação*

Ao terminar este capítulo em que falamos da linguagem da liturgia – os sinais e palavras que a compõem –, é importante nos determos sobre o tema da ***inculturação***. Se a celebração litúrgica é ação comunicativa, é imprescindível que os sinais e as palavras estabeleçam de fato uma comunicação com a assembleia. Por isso, o Concílio Vaticano II deixa claro:

> Não é desejo da Igreja impor, nem mesmo na Liturgia, a não ser quando está em causa a fé e o bem de toda a comunidade, uma forma única e rígida, mas respeitar e procurar desenvolver as qualidades e dotes de espírito das várias raças e povos. A Igreja considera com benevolência tudo o que nos seus costumes não está indissoluvelmente ligado a superstições e erros, e, quando é possível, mantém-no inalterável, por vezes chega a aceitá-lo na Liturgia, se se harmoniza com o verdadeiro e autêntico espírito litúrgico. (SC, n. 37)

Essa atitude está em continuidade com o que a Igreja, em seus momentos de maior fidelidade à sua natureza, sempre procurou: "A Igreja nunca considerou um estilo como próprio seu, mas aceitou os estilos de todas as épocas, segundo a índole e condição dos povos [...]" (SC, n. 123). Isso porque não existe comunidade cristã desvinculada da cultura. O cristianismo, quando vivido autenticamente e não como ideologia, sempre se encarna em determinada cultura, assumindo ali os seus traços. "É com e pela sua cultura humana própria, assumida e transfigurada por Cristo, que a multidão dos filhos de Deus tem acesso ao Pai, para O glorificar num só Espírito" (CIC, n. 1204).

Os diversos ritos litúrgicos que embelezam e enriquecem a comunidade eclesial são um fruto dessa realidade. Hoje convivem na Igreja três grandes famílias litúrgicas. No Oriente, dependendo do seu patriarcado de origem – Antioquia ou Alexandria – existem as famílias antioquena e alexandrina. O primeiro grupo se divide em siríaco ocidental, que compreende os ritos siríaco de Antioquia, maronita e malankar; siríaco oriental, que compreende os ritos caldeu e malabar; e capadócio, que compreende os ritos bizantino e armênio. O segundo grupo, o alexandrino, abrange o rito copta e o etiópico. No Ocidente, o rito romano é hegemônico. Como a evangelização da América, da África, da Oceania e do leste da Ásia se deu junto com um processo de colonização europeia, o rito romano é vivido hoje por cerca de 98% dos católicos do mundo todo. Conservam-se ainda alguns outros ritos dentro da família litúrgica romana, de modo muito localizado, como o rito moçárabe, em Toledo, Espanha; o rito bracarense, em Braga, Portugal; o rito ambrosiano, próprio da Igreja de Milão, na Itália; e o rito cartuxo, usado pela ordem monástica homônima.

Na medida em que a cultura é algo vivo e está sempre em transformação, esses ritos também estão sujeitos a adaptações, dado que "A riqueza insondável do mistério de Cristo é tal, que nenhuma liturgia é capaz de esgotar sua expressão" (CIC, n. 1201). Permanece, porém, a fidelidade à família litúrgica originária, que é testemunha da tradição apostólica – as Igrejas de Roma e de Antioquia foram fundadas por Pedro e a de Alexandria por Marcos. Assim, podem coexistir variações dentro da mesma família ritual, como testemunham, no rito romano, os textos em vernáculo de cada país e os usos próprios que se desenvolveram em algumas regiões (Ratzinger, 2015).

As dioceses da República Democrática do Congo, por exemplo, celebram segundo o uso zairense do rito romano, com características próprias, que incluem uma dança em torno do altar durante o Glória e a invocação dos santos e antepassados na entrada. Já as comunidades católicas provenientes da tradição anglicana podem celebrar no rito romano segundo o uso anglicano, que recolhe as características próprias da Igreja da Inglaterra. Assim, preserva-se, ao mesmo tempo, a unidade da família litúrgica romana, a fidelidade à sua raiz apostólica e a necessidade de um uso ritual condizente com cada cultura.

É só com sinais e palavras compreensíveis, inteligíveis, dentro de cada cultura que se pode favorecer uma participação ativa de toda a assembleia na celebração litúrgica. Uma correta inculturação potencializa a expressividade desses sinais e palavras, fazendo com que a liturgia seja de fato uma ação comunicativa entre Deus e o seu povo.

Enquanto adaptações mais estruturais cabem ao bispo diocesano ou à conferência episcopal, com a anuência da Santa Sé conforme o caso, a comunidade local também tem um papel proeminente nesse sentido. Ao preparar a celebração – na escolha das suas partes, do repertório musical, do "clima" da celebração etc. –, é preciso que nos perguntemos como aquilo que a liturgia tem a transmitir será recebido pela assembleia. Assim, evitamos optar por soluções que às vezes até parecem as mais bonitas, solenes ou criativas, mas que ao fim não conseguem comunicar nada.

Síntese

A liturgia é composta de sinais sensíveis. A isso nos referimos como a *sacramentalidade* de liturgia. Não há outra forma de percebermos a realidade, mesmo a espiritual, senão por meio de nossos sentidos, de nosso corpo.

Os elementos da natureza e os gestos humanos estão carregados de significados culturais, inclusive aqueles que a história da salvação lhes conferiu. Por isso, são sinais: indicam, apontam, desvelam algo.

Esses sinais estão, na liturgia, indissociavelmente unidos a palavras. Essa é a linguagem da celebração – uma linguagem que toca o nosso ser por inteiro.

Por isso, a eficácia da liturgia depende também da qualidade significativa e comunicativa do sinal. O sinal precisa ser veraz, isto é, autêntico e expressivo.

Assim, o nosso corpo está completamente implicado na celebração. Somos uma unidade de exterioridade e interioridade, e essas duas dimensões são indissociáveis.

Ordenados, os gestos e sinais compõem um ritual. A ritualidade tem um papel fundamental na constituição da comunidade, na manifestação da identidade de um grupo – no caso, da Igreja – e na transmissão daquilo que a liturgia nos comunica.

A liturgia é o lugar privilegiado da leitura e da meditação da Sagrada Escritura. Foi ali que a Bíblia nasceu e foi transmitida.

A Palavra é verdadeiramente eficaz pelo Espírito Santo que a inspirou e que a atualiza para nós. Ela nos transforma. Isso se a comunidade estiver aberta à sua ação e trouxer em sua bagagem a sua vida concreta, para que seja iluminada pela Palavra.

À Palavra escutada, a Igreja responde com a oração, que é elevada ao Pai por meio de Cristo. Em sua dinâmica trinitária, a oração litúrgica é a oração própria da Igreja.

Por isso, as orações usadas na liturgia prezam pela objetividade, pelo cunho bíblico, pelo sentido comunitário. Dessa maneira, ela é modelo e escola para a nossa vida de oração.

O conjunto das orações propriamente litúrgicas é chamado de *eucologia*. Por *eucologia maior*, entendemos as grandes orações que invocam a ação de Deus nos sacramentos e sacramentais, como a oração eucarística. Por *eucologia menor*, entendemos as orações menores, sobretudo a oração do dia, a oração sobre as oferendas e a oração depois da comunhão.

Ambas – a maior de modo mais explícito e a menor de modo implícito – se caracterizam por conterem uma anamnese e uma epiclese, uma memória e uma súplica.

A música tem uma função importante na celebração, à qual está intimamente unida, de modo que dizemos que se canta *a* liturgia e não *na* liturgia. Ela é suscitada pelo Espírito, para que alcancemos dizer aquilo que as simples palavras não conseguem.

Também faz parte da celebração o silêncio, que valoriza a palavra ouvida, rezada e cantada e promove a interiorização, a meditação e o diálogo com o Senhor.

A liturgia se expressa dentro de uma cultura. Por isso, na fidelidade à Tradição recebida, é preciso discernir a linguagem – gesto, música, palavra – capaz de ser canal de comunicação em cada cultura. A correta inculturação potencializa a expressividade dos sinais.

Atividades de autoavaliação

1. Complete a coluna a seguir com (E) para aquilo que constitui sacramento em sentido estrito e (A) para sacramento entendido em sentido amplo.
   ( ) Elementos da criação (o sol, as árvores, as flores etc.).
   ( ) Ações litúrgicas que a comunidade celebra.
   ( ) As pessoas (o pobre, o doente, o casal, o celibatário, o mártir etc.).
   ( ) Os acontecimentos (um gesto de caridade, uma festa etc.).
   ( ) O batismo, a confirmação, a eucaristia, a ordem, o matrimônio, a penitência e a unção dos enfermos.

Assinale a alternativa que apresenta a sequência correta:

a) A, E, A, A, E.
b) E, A, E, E, A.
c) A, A, E, E, E.
d) E, E, A, A, A.

2. Considerando os conceitos de *rito, ritual, ritualidade* e *ritualismo,* assinale a alternativa **incorreta**:
    a) *Ritual* pode designar o conjunto sistematizado de ritos.
    b) *Ritualidade* é como nos referimos à dimensão ritual da liturgia, que envolve todas as dimensões do ser humano que realiza o rito.
    c) Os ritos são os gestos e palavras que constituem a celebração litúrgica.
    d) O ritualismo é a valorização da ritualidade.

3. Considere o uso litúrgico das Escrituras e marque V para verdadeiro e F para falso.
    ( ) Quando as Escrituras são lidas na liturgia, é o próprio Jesus que está presente e nos fala.
    ( ) A Palavra tem uma verdadeira eficácia – não é mera preparação ao sacramento, mas ela mesma é sacramental, eficaz, transformadora.
    ( ) O texto sagrado da Bíblia não chegou até nós por meio da liturgia, mas pelo estudo acadêmico dos textos.
    ( ) É a serviço da interpretação e da atualização da Palavra que está a *homilia,* palavra que em sua origem carrega o sentido de "palestra".
    ( ) Toda a celebração está encharcada de textos bíblicos: da saudação inicial ao rito da comunhão, dos vários cânticos à preparação dos dons.

Assinale a alternativa que apresenta a sequência correta:

a) V, V, V, F, F.
b) V, V, F, F, V.
c) F, V, F, V, V.
d) F, F, V, V, F.

4. Em relação à eucologia, assinale a alternativa correta:
   a) A oração sobre as oferendas é a mais típica das orações eucológicas menores.
   b) A oração litúrgica deve se inspirar nas devoções particulares das comunidades, que são a fonte da verdadeira piedade.
   c) A oração eucológica maior é constituída geralmente pela anamnese, pela epiclese e pelo gesto.
   d) A oração eucarística é também chamada de *cânon*, *anáfora* e *antífona*.

5. Considere as seguintes afirmações a respeito da diversidade dos ritos litúrgicos.
   I. As três grandes famílias litúrgicas têm origem em três grandes patriarcados: Roma, Antioquia e Moscou.
   II. Cerca de 98% dos católicos de todo o mundo celebram no rito romano.
   III. Não é permitida nenhuma adaptação no rito romano, pois são as culturas que devem se adaptar ao rito e não o contrário.
   IV. Além do rito romano, a família litúrgica romana conta também com os ritos moçárabe, bracarense, ambrosiano e cartuxo.

   Assinale a alternativa correta:
   a) Apenas as afirmações II e IV são verdadeiras.
   b) Apenas as afirmações II e III são verdadeiras.
   c) Apenas as afirmações I e III são verdadeiras.
   d) Apenas as afirmações I e IV são verdadeiras.

Atividades de aprendizagem

Questões para reflexão

1. Como é a expressividade e a veracidade dos sinais litúrgicos na sua comunidade? Eles se expressam bem ou são "minimalistas"?
2. Como a sua comunidade valoriza os momentos de silêncio na celebração litúrgica? A celebração carece desses momentos?

Atividade aplicada: prática

1. Pesquise se na sua região existe alguma comunidade que celebra outro rito que não o romano. Se existir, vale a pena um dia participar de uma celebração nesse outro rito.

6

Tempo e espaço na liturgia[1]

1 Todas as passagens bíblicas utilizadas neste capítulo são citações de Bíblia (2017). As notas presentes nas citações bíblicas foram suprimidas.

O tempo e o espaço desempenham um papel importante na liturgia. Nela, eles também são sinais, também nos comunicam algo. Ademais, a nossa vida está inserida no tempo e no espaço, e a liturgia justamente almeja a transfiguração dessa vida e, portanto, de nossa experiência do tempo e do espaço.

Neste capítulo, veremos a relação que se dá entre o tempo e a liturgia (Seção 6.1) e as expressões litúrgicas no tempo: o domingo e o ano litúrgico (Seção 6.2), e a liturgia das horas (Seção 6.3). Depois, nas seções seguintes nos deteremos sobre o espaço litúrgico e o lugar da arte na liturgia.

6.1 Tempo e liturgia

A liturgia atualiza o mistério pascal de Cristo, como vimos repetidamente. *Atualizar* é uma noção que tem a ver com o tempo. De fato, a liturgia tem uma relação peculiar com o tempo, que buscaremos explicitar aqui.

A liturgia acontece em um **hoje**, o hoje da salvação (CIC, n. 1165). Na quinta-feira da ceia do Senhor, por exemplo, diz-se na oração eucarística: "Na noite em que ia ser entregue, para padecer pela salvação de todos, isto é, *hoje*, ele tomou o pão em suas mãos, elevou os olhos a vós, ó Pai, deu graças e o partiu [...]". No natal, cantamos: "Nasceu-nos *hoje* um menino". E na páscoa, um dos salmos que meditamos declara: "Este é o dia que o Senhor fez para nós" (Sl, 117(118),24). Esse modo de se referir à festa celebrada aparece de várias maneiras no decorrer do ano litúrgico. Conforme o *Catecismo da Igreja Católica*:

> Na liturgia da Igreja, Cristo significa e realiza principalmente o seu mistério pascal. Durante a sua vida terrena, Jesus anunciava pelo seu ensino e antecipava pelos seus atos o seu mistério pascal. Uma vez chegada a sua "Hora" [...], Jesus vive o único acontecimento da história que não passa jamais: morre, é sepultado, ressuscita de entre os mortos e senta-Se à direita do Pai "uma vez por todas" (*Rm* 6,10; *Hb* 7,27; 9,12). É um acontecimento real, ocorrido na nossa história, mas único; todos os outros acontecimentos da história acontecem uma vez e passam, devorados pelo passado. Pelo contrário, o mistério pascal de Cristo não pode ficar somente no passado, já que pela sua morte, Ele destruiu a morte; e tudo o que Cristo é, tudo o que fez e sofreu por todos os homens, participa da eternidade divina, e assim transcende todos os tempos e em todos se torna presente. O acontecimento da cruz e da ressurreição **permanece** e atrai tudo para a vida. (CIC, n. 1085, grifo do original)

Como entender essa afirmação? Vamos começar pela citação da Carta aos Hebreus que aparece nesse trecho do Catecismo: nela, nos é dito que o mistério pascal de Cristo, isto é, a sua morte e ressurreição, aconteceu "uma vez por todas" (*ephapax*, em grego) (Hb 7,27). Com essa expressão, o autor da carta quer contrapor a entrega de Cristo aos sacrifícios do templo: o sacrifício do verdadeiro cordeiro é único, é suficiente, efetua realmente a nossa reconciliação com o Pai, ao contrário daqueles que ocorriam no templo. Ao mesmo tempo, ele diz que o sacerdócio de Cristo "permanece *para a eternidade*" (Hb 7,24). Com isso, explicita que a fidelidade do amor de Deus sinalizada nessa entrega permanece eternamente.

É verdade, então, que a morte de Jesus de Nazaré aconteceu uma única vez na história, bem como a sua ressurreição. "Ao ato exterior da crucificação corresponde, porém, um ato interior da oferta" (Ratzinger, 2015, p. 49). Não que a dimensão interior fosse dissociável da exterior: "Esse ato de oferta não é, de fato, um evento só espiritual. É um ato espiritual que engloba em si o ato corporal, que abraça o homem em sua inteireza, antes, é, ao mesmo tempo, um ato do Filho: a obediência da vontade humana de Jesus se aprofunda no persistente sim do Filho ao Pai" (Ratzinger, 2015, p. 49).

Assim, "o sofrimento físico está envolvido no *pathos* do espírito" e "o tempo está envolvido naquilo que vai além do tempo" (Ratzinger, 2015, p. 49). Entendido assim, o rito não é "manipulação do tempo", mas fala da "fidelidade de Javé, que atualiza no presente, e em cada situação, a salvação que operou antes e que promete para o futuro" (Celam, 2005, p. 393). "Na ponte dessa 'única vez', podemos lançar-nos ao 'para sempre' da sua misericórdia" (Ratzinger, 2015, p. 91). Dessa forma,

> a liturgia cristã não pretende, portanto, nem superar nem dominar o tempo, mas com efeito, no tempo que é cenário da história da

> salvação, "pascaliza" a história real dos seres humanos, submergindo-a no mistério de Cristo para que os fiéis celebrem as intervenções libertadoras de Deus como um permanente hoje de salvação. (Celam, 2005, p. 395)

Assim, o **hoje** da liturgia é "a 'hora' da Páscoa de Jesus, que atravessa e sustenta toda a história" (CIC, n. 1165). É desse modo que se entrelaçam na liturgia passado, presente e futuro; as intervenções libertadoras de Deus na história, o hoje da assembleia em sua situação concreta e o amanhã escatológico que é a meta da nossa esperança. É o que diz, de certa forma, a aclamação da assembleia após as palavras da consagração: "Anunciamos, Senhor, a vossa morte" (passado), "e proclamamos a vossa ressurreição" (presente) e "Vinde, Senhor Jesus!" (futuro) (Buyst; Silva, 2003, p. 80). Aberta ao tempo, e não se subtraindo à história, a celebração do mistério pascal pode ser "portadora de um efeito salvífico que se situa no **hoje** e no **aqui** da Igreja celebrante" (Celam, 2005, p. 395, grifo do original), e que é a própria presença do Ressuscitado.

É essa dinâmica entre passado, presente e futuro que constitui a liturgia enquanto **memorial**. Nesse fazer memória por meio dos sinais sacramentais, o mistério de Cristo se atualiza, torna-se acessível para nós, torna-se nosso contemporâneo. Isso porque os sinais evocam a fidelidade de Deus, que constitui o conteúdo da oferta de Cristo na cruz: essa fidelidade é eterna, continua atuando, e, assim como operou na vida, morte e ressurreição de Jesus, atua através da liturgia na nossa vida, fazendo-nos passar da morte à ressurreição.

A partir disso, podemos nos perguntar: É necessário celebrar, isto é, dedicar um tempo específico do dia ou da semana para fazer memória do mistério pascal? Não pertencem a Deus todos os minutos e não está ele em todos os lugares?

É verdade que "todo o tempo é tempo de Deus" (Ratzinger, 2015, p. 81). Sabemos ao mesmo tempo, porém, que a existência cristã está situada naquele "já" e "ainda não" escatológico. Nesse tempo, em que o Reino de Deus já teve início, mas ainda não chegou à sua plenitude, nossa estrutura antropológica necessita dos sinais simbólico-sacramentais para que aprendamos a desvelar a presença de Deus em toda a parte e em todo o tempo (Buyst, 2012; Ratzinger, 2015).

A participação nos acontecimentos salvíficos se dá, assim, "através dos sinais terrenos que o Redentor nos mostrou como espaço de sua realidade" e que nos ensinam a "reconhecer no coração transpassado do Crucificado o mistério de Deus". Por isso, "a teologia da liturgia é particularmente 'teologia simbólica', teologia dos símbolos que nos ligam àquele que está ao mesmo tempo presente e escondido" (Ratzinger, 2015, p. 53).

6.2 O domingo e o ano litúrgico

A celebração litúrgica do mistério de Cristo, que o torna presente no hoje de nossas comunidades, se dá de modo organizado na nossa experiência do tempo. A unidade fundamental do tempo litúrgico é o domingo, celebração semanal da páscoa do Senhor (SC, n. 106). A prática de nos reunirmos para celebrar a eucaristia nesse dia vem da própria comunidade apostólica, como vimos anteriormente na Seção 3.1. Para determinar a duração desse dia litúrgico, a Igreja usa a tradição judaica, de modo que liturgicamente entendemos que o domingo tem início na tarde do sábado.

Na Igreja primitiva, esse dia era chamado de várias maneiras, sendo as mais comuns ***o primeiro dia da semana*** e ***o dia do Senhor*** – que, traduzido para o latim, se tornou *dies dominicus*, de onde veio o italiano *domenica* e o português e o espanhol *domingo*. Em primeiro lugar, o domingo está ligado à ressurreição do Senhor, ocorrida no primeiro dia da semana. Essa experiência foi tão forte para os discípulos que a importância do sábado como dia santo foi transferida no cristianismo para o domingo.

Como ***primeiro dia***, o domingo também faz referência à criação, porque a ressurreição é uma nova criação. Uma das orações da vigília pascal chega a dizer que "o sacrifício de Cristo, nossa páscoa, na plenitude dos tempos, ultrapassa em grandeza a criação do mundo, realizada no princípio" (Missal Romano, p. 279). Pela mesma razão, o domingo foi chamado também de *oitavo dia*: não apenas o "primeiro", como um retorno ao início, mas o começo de um novo tempo, a entrada no grande e eterno dia do Senhor, que já se iniciou, mas permanece, ao mesmo tempo, sempre diante de nós (CIC, n. 1166; Celam, 2004; Ratzinger, 2015).

Como dia litúrgico por excelência, a celebração do domingo se confunde com a própria celebração da eucaristia. "É evidente que pode haver eucaristia sem domingo e domingo sem eucaristia, mas a expressão mais plena do acontecimento pascal é o domingo com eucaristia ou a eucaristia dominical" (Borobio, 2009, p. 60). A eucaristia só se estendeu aos outros dias da semana a partir do século VI.

Era evidente para os primeiros cristãos a importância de se reunir aos domingos para a eucaristia. Não havia necessidade de transpor essa importância para um ordenamento jurídico. A primeira vez em que aparece uma lei sobre a obrigatoriedade da participação na liturgia dominical acontece no ano 300, com o Sínodo de Elvira – de alcance regional –, que puniu com excomunhão temporária quem se ausentasse da assembleia dominical três vezes. A obrigatoriedade se expandiu como costume, e só com o Código de Direito Canônico de 1917 é que foi formulada uma lei de alcance universal sobre o preceito dominical (DD, n. 47; Celam, 2004, p. 186).

O Concílio Vaticano II buscou sublinhar a centralidade do domingo na liturgia, que tinha sido um pouco ofuscada pela diversidade de festas ligadas a devoções particulares – um problema que ainda persiste em nossas comunidades, quando se dá uma importância desmedida a práticas devocionais que acontecem no meio da semana, fazendo com que os fiéis coloquem em segundo plano a celebração dominical. Por isso, os padres conciliares ressaltaram que o domingo é "o principal dia de festa a propor e inculcar no espírito dos fiéis; seja também o dia da alegria e do repouso. Não deve ser sacrificado a outras celebrações que não sejam de máxima importância, porque o domingo é o fundamento e o centro de todo o ano litúrgico" (SC, n. 106).

Ao lado da celebração dominical, a Igreja guardou já a partir das primeiras gerações cristãs, no século II ou talvez antes, a celebração anual da páscoa. No século IV, a celebração do **tríduo pascal**, o prolongamento da páscoa por 50 dias – o **tempo pascal** – e o tempo penitencial de preparação para a páscoa – a **quaresma** – já estavam consolidados. Ao mesmo tempo e de forma independente, surgiu no século IV a celebração do **natal**, à qual logo depois se acrescentou um tempo de preparação – o **advento** (Celam, 2004, p. 188-189).

Assim, no século V já tínhamos os principais elementos daquilo que chamamos *ano litúrgico*, isto é, a celebração do mistério pascal, expresso nos diversos mistérios da vida de Cristo e também na memória dos santos, ao longo do ano.

A data da páscoa foi motivo de controvérsia entre cristãos do Ocidente e do Oriente já nos primeiros séculos. O Ocidente acabou fixando a celebração da páscoa no domingo seguinte à páscoa judaica. No Concílio Vaticano II, a Igreja Católica se mostrou aberta à possibilidade de fixar a data da páscoa em um domingo específico do calendário comum, em nome da unidade dos cristãos (SC, apêndice). Desde então, esse é um dos objetivos do diálogo com os cristãos do Oriente.

Como a data da páscoa judaica depende do calendário lunar, a sua celebração não tem um dia fixo no calendário. Dessa maneira, a nossa sexta-feira da paixão é sempre a primeira sexta-feira de lua cheia após a mudança de estação – no hemisfério norte, do inverno para a primavera, e no hemisfério sul, do verão para o outono.

O centro por excelência do ano litúrgico – a sua "fonte de luz" (CIC, n. 1168) – é o tríduo pascal, a celebração da páscoa de Cristo, a "festa das festas". O ciclo pascal envolve a quaresma, a semana pascal e o tempo pascal, indo até a celebração de pentecostes. O outro epicentro do ano litúrgico é o natal, cujo ciclo envolve o advento e o tempo do natal, que culmina no batismo do Senhor. Assim, os dois epicentros do ano litúrgico – o maior, a páscoa, e o menor, o natal – são constituídos respectivamente por uma data móvel e uma data fixa. O período do ano que se desenvolve fora desses dois ciclos é chamado hoje de *tempo comum*. Nesse período, o mistério de Cristo é celebrado como um todo, em um ritmo marcado fortemente pela celebração dominical, pelos ensinamentos de Jesus em discursos e parábolas e pela memória dos santos nos dias feriais.

Devido à ligação particular que a fé cristã tem com o tempo, o ano litúrgico não é meramente um calendário, mas "uma verdadeira liturgia", "a celebração e atualização do mistério de Cristo no tempo" ou, de forma ainda mais enfática, "a presença em modo sacramental e ritual do mistério de Cristo no espaço humano" (Celam, 2004, p. 184). "O ano litúrgico é Cristo abraçando o tempo, como que desdobrando no tempo de um ano seus mistérios, as diversas sequências de sua vida" (Borobio, 2009, p. 58).

Através do ano litúrgico, "na fragilidade do tempo que passa", "nosso tempo assume o valor de 'espaço salvífico' (*kairós*)" (Celam, 2004, p. 184). Por ele, "o Reino de Deus entra no nosso tempo" (CIC, n. 1168). A caducidade do *chronos* – o tempo mensurável, cronológico – é transformada em *kairós*, tempo de salvação, tempo messiânico, presença do Reino. Assim, como calendário cíclico inserido em uma concepção de história linear, o tempo litúrgico é vivido como uma espiral ascendente.

> O que se repete no ano litúrgico, com efeito, nunca se repete da mesma maneira que no ciclo anterior, mas sempre em um nível superior, em um contexto inédito e distinto, porque o mundo e a humanidade, os cristãos e os que celebram, já não são o que eram um ano antes, nem sequer um mês, uma semana ou um dia antes. (Celam, 2005, p. 396)

É interessante notar que o ano litúrgico foi entretecido de tal maneira que envolve o cosmos e a história. O tempo é, em sua concepção mais básica, um fenômeno cósmico: a sucessão dos dias se dá pela rotação da terra, as semanas seguem o ritmo das fases da lua e o decorrer dos anos é marcado pela translação de nosso planeta ao redor do sol. "O ser humano vive com as estrelas; o percurso do sol e da lua permeia a sua vida" (Ratzinger, 2015, p. 82). O ano litúrgico segue esse ritmo cósmico e, assim, arrasta consigo todo o universo na direção de Deus, até que ele seja tudo em todos.

Por fim, cabe ressaltar a dimensão pedagógico-pastoral do ano litúrgico. Nele, os diversos aspectos do único mistério de Cristo são "explicitados progressivamente", já que "não podemos perceber e compreender toda a sua riqueza" de uma só vez (Celam, 2004, p. 190). Uma comunidade que não entrelaça toda a sua vida e as suas atividades pastorais com o ano litúrgico, restringindo-o ao momento ritual, perde um poderoso instrumento de formação. Os diversos momentos do ano litúrgico devem interagir com a catequese, com os círculos de reflexão, com a vida de oração na família e tudo o mais. Bem vivido, o ano litúrgico "transforma-se numa escola de vida cristã, em mestre para o anúncio do mistério de Cristo, em lugar de celebração e apresentação desse mistério não segundo esquemas subjetivos, mas de acordo com o plano sacramental da Igreja" (Celam, 2004, p. 191).

6.3 A liturgia das horas

A vivência litúrgica do tempo penetra de forma ainda mais minuciosa na experiência cristã: além dos anos, semanas e dias, os diversos momentos de cada dia são ocasião de celebração na chamada *liturgia das horas*, ou *ofício divino*. Ela é a "oração pública da Igreja", por meio da qual os cristãos exercem o seu sacerdócio comum (CIC, n. 1174). É, assim, participação na oração que o único sacerdote, Cristo Jesus, eleva incessantemente ao Pai no Espírito Santo: "Jesus Cristo, sumo sacerdote da nova e eterna Aliança, ao assumir a natureza humana, trouxe a este exílio da terra aquele hino que se canta por toda a eternidade na celeste mansão. Ele une a si toda a humanidade e associa-a a este cântico divino de louvor" (SC, n. 83).

A liturgia das horas tem origem na oração hebraica, seja por sua composição, em que os salmos ocupam um lugar particular, seja por sua estrutura. Antes de Cristo, a vida de oração dos judeus já era composta de três momentos diários: pela manhã, ao meio-dia e ao cair da noite (Celam, 2004, p. 207). Jesus mesmo viveu assim, bem como os seus discípulos, de tal maneira que essa estrutura passou naturalmente para a vida cristã. Em Atos dos Apóstolos (10,9), por exemplo, sabemos que Pedro subiu ao terraço da casa em que estava para orar ao meio-dia. Em outra passagem (At 3,1), vemos Pedro e João dirigindo-se ao templo para a oração às três horas da tarde.

Afora a ênfase nos salmos, essas orações não receberam nenhuma estruturação formal até o século IV. Era corrente, porém, a ideia de que a oração deve ser incessante e que é necessário fixar tempos específicos para se dedicar especialmente a ela. Já se associavam esses horários a episódios bíblicos, o que evidencia um olhar teológico sobre a oração das horas.

Do século IV ao VI, conviveram na Igreja duas formas principais da liturgia das horas: o ofício de catedral e o ofício monástico, que logo se fundiram privilegiando a forma monástica. A partir do século X, a liturgia das horas entrou em crise. O aparecimento do breviário, que conseguiu reunir toda a celebração da liturgia das horas em um só volume, ajudou a difundi-la pela Europa e a tornou mais prática – mas isso já era um reflexo do peso que ela havia se tornado desde que a legislação carolíngia a tornou obrigatória em todas as igrejas.

A liturgia das horas era, assim, cada vez menos celebrada em comunidade, ao passo que cada vez mais se reduzia à recitação de algumas orações obrigatórias para o clero. Privada e obrigatória, logo se espalhou o costume de rezar todo o breviário a qualquer hora do dia, apenas para cumprir o preceito, desvinculando as horas da liturgia das horas do dia (Celam, 2004, p. 208-209).

A reforma litúrgica do Concílio Vaticano II (ver Seção 3.5) procurou renovar a liturgia das horas, deixando claro o seu caráter eminentemente comunitário, eclesial e litúrgico. A celebração individual das horas tem o seu valor, mas a celebração comunitária deve ser preferida sempre que possível, por manifestar melhor aquilo que a liturgia das horas é: oração da Igreja – não só do clero – que, como corpo de Cristo, estabelece um diálogo com o Pai no Espírito Santo. Como celebração litúrgica, e não uma devoção privada, ela está aí para ser "parte integrante da espiritualidade batismal" de todo o povo de Deus (Celam, 2004, p. 213).

> A oração das horas não exclui outras formas de oração, mas é a norma ou o critério de toda oração cristã autêntica por ser uma oração eminentemente bíblica, objetiva e tradicional, no sentido mais puro do termo. A liturgia das horas assegura uma estrutura que modela, nutre e modera a oração privada que, por sua vez, torna-se mais interior, pessoal e intensa. (Celam, 2004, p. 219)

Assim, a liturgia das horas é a melhor expressão da oração cristã. Isso porque, ao acompanhar o nascer do sol, o meio-dia, o cair da tarde e a escuridão da noite, ela manifesta sacramentalmente aquela oração incessante que deve caracterizar a vida do cristão e de que fala Paulo (1Ts 5,17; Ef 6,18). A liturgia das horas faz ver "como todas e cada uma das horas tem um valor simbólico-sacramental, ou seja, são sinais de salvação" (Celam, 2004, p. 208). É assim que ela, em continuidade com a celebração do mistério de Cristo ao longo dos anos, das semanas e dos dias, "prossegue a obra de recondução de toda realidade temporal a Cristo" (Celam, 2004, p. 216) e, por assim dizer, "santifica" o tempo.

> "Santificar o tempo" quer dizer oferecê-lo a serviço de Deus e dos seres humanos, vivê-lo na fidelidade à vontade de Deus, sentir presente a Deus ao ritmo da luz e das trevas, do dia e da noite, das coisas criadas e do trabalho humano. Tudo isso referido à vida de Cristo, que entregou toda a sua vida para esse mesmo fim. (Borobio, 2009, p. 61-62)

Isto é, não se trata de "subtrair ou roubar do ritmo das atividades profanas certos momentos do dia", e sim de "imergir o tempo e as atividades humanas no tempo qualificado que é Cristo em seus mistérios de salvação", dando origem a uma "existência responsorial" (Celam, 2004, p. 215-216), que aprende a enxergar o mistério presente no nosso dia a dia e a responder a essa presença com a prece e com a própria vida.

Refletindo o salmo 119(164), a liturgia das horas é composta há séculos de sete momentos diários. As **laudes** e as **vésperas** são as principais horas a serem celebradas: a primeira como oração da manhã – do nascer do sol – e a segunda como oração da tarde – do pôr do sol. A estrutura de ambas é semelhante: introdução, hino, três salmos ou cânticos, leitura bíblica breve, responsório, cântico evangélico (o cântico de Zacarias nas laudes e o de Maria nas vésperas), preces, pai-nosso e oração final. Cada uma tem, porém, o seu próprio tom: enquanto as laudes fazem referência à aurora e ao sol que nos visita e assim eleva o seu louvor pela criação e pelo novo dia que se inicia, as vésperas oferecem a Deus o trabalho executado naquele dia e as intercessões da comunidade que ora pela Igreja e pelo mundo.

Há três horas que se dão no decorrer do dia, chamadas de ***tércia***, ***sexta*** e ***nona***, ou simplesmente *oração das nove horas, das doze horas* e *das quinze horas*. Quem não celebra em coro a liturgia das horas costuma fazer apenas um desses momentos, chamado então ***hora média***. Por se dar no decorrer do dia de trabalho, são celebrações bem mais curtas, constituindo-se apenas de introdução, um breve hino, três salmos, leitura breve, responsório e oração final.

As **completas** são a oração da noite, recitada antes de dormir. Tem a estrutura semelhante à da hora média, acrescida do exame de consciência, do cântico de Simeão e de uma antífona mariana ao final da celebração. Além dessas seis horas, profundamente vinculadas ao transcorrer do dia, há ainda o **ofício de leituras**, que pode ser celebrado a qualquer momento da jornada – o costume mais tradicional, vigente nos mosteiros, é celebrá-lo no meio da noite, de madrugada. Isso porque se trata de um tempo mais prolongado, dedicado à escuta e à meditação da Palavra, o que requer um ambiente sereno e silencioso. Compõe-se de introdução, hino, três salmos ou cânticos, duas leituras longas com responsórios – uma da Bíblia e outra dos Padres da Igreja – e oração final.

6.4 O espaço litúrgico

Cristo é o verdadeiro e único templo da nova aliança, como vimos na seção "A vida cristã como culto espiritual", no Capítulo 2. A verdadeira adoração não acontece neste ou naquele lugar, mas "em espírito e verdade" (Jo 4,23). Por isso, a concepção cristã de espaço sagrado tem a sua peculiaridade. O edifício sagrado – a *domus ecclesiae* (*casa da Igreja*, como o chamamos) – não é visto como o único lugar em que se pode dirigir-se a Deus, e sim como o lugar em que a assembleia se reúne para a celebração que expressa – mas não restringe – a presença e a proximidade de Deus (Celam, 2005; Ratzinger, 2015; Borobio, 2009).

Dessa maneira, a disposição do espaço deve estar em função da celebração. E como a liturgia é onde a Igreja melhor expressa o que ela é, aquilo que o espaço sagrado nos diz reflete o modo como enxergamos a Igreja. Por isso, "dar importância secundária às questões artísticas e arquitetônicas significa desvalorizar e desdenhar um dos elementos mais importantes para a comunicação da mensagem da salvação" (Johnson; Johnson, 2006, p. 23). Se cremos que a Igreja constitui um povo unido que participa do sacerdócio de Cristo através da diversidade dos ministérios, então o edifício também deve manifestar tanto essa unidade entre toda a assembleia, incluindo o presidente, quanto a diversidade dos ministérios, facilitando a participação de todos (IGMR, n. 294).

Sabemos que essas considerações são oriundas do movimento litúrgico e do Concílio Vaticano II e fizeram emergir novos modelos de espaços celebrativos no último século, que, ao mesmo tempo, romperam com algumas concepções nascidas nos séculos anteriores, beberam da influência dos primeiros séculos da Igreja e se exprimiram com o rosto da cultura atual. Isso se manifestou principalmente: no rompimento com as plantas longas e estreitas e sua substituição por formas quadradas, circulares ou de leque, favorecendo a participação ativa de toda a assembleia; na mudança da posição do altar, que foi separado da parede, colocado mais próximo à assembleia e teve sua dignidade própria ressaltada; e na redução ao essencial dos elementos no interior do edifício, eliminando os altares laterais e diminuindo o excessivo número de imagens (Celam, 2005, p. 330).

O Concílio Vaticano II destacou a importância da participação ativa dos fiéis na celebração e, por isso, também orientou que, "na construção de edifícios sagrados, tenha-se grande preocupação de que sejam aptos para lá se realizarem as ações litúrgicas e permitam a participação ativa dos fiéis" (SC, n. 124). Se sabemos que toda a assembleia é celebrante, não convém que a disposição do espaço se dê como se os fiéis fossem espectadores (Celam, 2005, p. 355). A planta alongada, costumeira no segundo milênio, deixava a maior parte da assembleia bastante longe do altar, o centro do espaço litúrgico. Obviamente, nos primeiros séculos, quando a liturgia era celebrada nas casas, todos se envolviam muito mais com aquilo que acontecia nas celebrações.

Mesmo quando a celebração migrou para as basílicas – muitas delas com planta alongada –, os fiéis acompanhavam de perto as ações litúrgicas. Durante a liturgia da Palavra, o povo se reunia em torno do ambão, e na liturgia eucarística se movia para perto do altar. Não havia bancos – eles só apareceram dentro do edifício sagrado a partir do século XIII. Acompanhava-se toda a liturgia de pé, como ainda se faz no Oriente. Com a introdução dos bancos, a assembleia ficou "bloqueada" no seu lugar e, pior ainda, disposta como uma plateia, cada um tendo em primeiro plano as costas das pessoas à sua frente. Em uma igreja com planta circular, octogonal, cruciforme ou quadrada, com o altar próximo ao centro, essa dificuldade é superada e todos podem ficar a uma menor distância do altar, do ambão e da sede, participando mais efetivamente da celebração.

Mencionamos esses três lugares onde acontecem a maior parte das ações litúrgicas, o altar, o ambão e a sede. Dispostos no presbitério, ou *santuário*, eles são como que os pontos focais da celebração – *grosso modo*, a sede para os ritos iniciais e finais, o ambão para a liturgia da Palavra e o altar para a liturgia eucarística. Foi com o Concílio Vaticano II que voltamos a valorizar cada um deles. Isso porque, na prática, o ambão havia sido eliminado – as leituras eram feitas pelo presidente no altar; a sede não tinha nenhuma relevância litúrgica, exceto nas catedrais –, a cadeira do presidente era um banco pequeno, apenas para descansar em alguns momentos; e o altar havia se reduzido a uma bancada estreita junto ao retábulo, completamente ofuscado diante de enormes sacrários e chamativas imagens de santos (Celam, 2005, p. 347-348).

No início da Igreja, o "altar" era uma mesa comum, a mesma em que se fazia a refeição – sequer se usava o nome *altar*. A partir do século III, passaram a existir mesas próprias para a celebração eucarística, com o tampo quadrado ou circular, geralmente de madeira. No século IV, no Ocidente, a pedra começou a se tornar o material mais comum e o altar passou a ser um móvel fixo, no meio do santuário, geralmente no formato aproximado de um cubo, com cerca de um metro de comprimento, altura e largura. Por volta do século VII, sob influência do Oriente, o costume de celebrar a liturgia em direção ao Oriente – ao sol nascente – se espalhou pelo rito romano, tornando comuns as celebrações em que o presidente e a assembleia estão voltados para o mesmo lado, com o altar unido à parede (Borobio, 2010, p. 60-61).

No início do segundo milênio, a piedade popular passou a se concentrar de maneira desmedida na presença real eucarística, que se tornou mais importante que a celebração eucarística em si. O sacrário passou a ficar sobre o altar e se tornou cada vez maior. Ao mesmo tempo, incrementou-se artisticamente a parede do altar, criando-se retábulos diante dos quais a mesa do altar era apenas um detalhe. Ainda, com a popularidade das "missas privadas", as igrejas encheram-se de altares laterais, onde diversos padres rezavam a missa ao mesmo tempo. Em 1614, o posicionamento do sacrário sobre o altar se tornou obrigatório (Borobio, 2010, p. 62-63).

O movimento litúrgico redescobriu o sentido do altar como ícone do próprio Cristo em meio ao seu povo e centro da celebração, para onde se devem voltar os olhares – mais do que para o presidente, para a imagem de um santo ou mesmo para o crucifixo.

> Entre os sinais visíveis do Mistério invisível está o altar, sinal de Cristo pedra viva, descartada pelos homens mas que se tornou pedra angular do edifício espiritual no qual é oferecido ao Deus vivente o culto em espírito e verdade. [...] Por isso, o altar, centro para o qual nas nossas igrejas converge a atenção, [...] é dedicado, ungido com o crisma, incensado, beijado, venerado: para o altar se orienta o olhar dos orantes, sacerdotes e fiéis, convocados para a santa assembleia em volta do mesmo. (Papa Francisco, 2017)

Por isso, as características do altar devem corresponder àquilo que ele é como sinal: ele deve ser um só, em um lugar claramente central do edifício, separado da parede e, de preferência, fixo, de pedra e dedicado segundo o rito próprio (IGMR, n. 296-303; Celam, 2005, p. 350).

O ambão tem também uma dignidade singular, como mesa da Palavra, em paralelo com a mesa eucarística. O seu uso deve, portanto, ser sinal que ajude a assembleia a saborear a preciosidade da Palavra. Se ele for usado para outras ações que não sejam as leituras bíblicas, a homilia e a oração dos fiéis, deixa de ser um espaço celebrativo, que é sinal da Palavra de Deus, e se torna um púlpito qualquer, meramente funcional, sem nenhum caráter mistagógico. Avisos e coisas do gênero devem, portanto, ser feitos em outro lugar, que claramente não pareça outro ambão (Celam, 2005).

O propósito da sede também não é meramente funcional. Ela é sinal de Cristo que preside a assembleia. Por isso, deve ser única, diferente dos outros assentos, para indicar não a autoridade do presidente – e por isso não deve parecer um trono –, mas a presença de Cristo no meio do seu povo. E assim, como sinal, precisa ser valorizada, como lugar próprio dos ritos iniciais e finais (Celam, 2005, p. 354).

Para manifestar a unidade do rito e a dignidade de todas as suas partes, convém que a sede e o ambão sejam do mesmo material que o altar e formem com ele um conjunto harmonioso. O presbitério, ou santuário, onde essas três peças estão situadas, deve ser um lugar destacado e visível para toda assembleia. Não deve, porém, dar a sensação de separação, de distância. O mesmo para o lugar do coro: deve mostrar que ele é parte da assembleia e, simultaneamente, ajudá-lo a desempenhar o seu ministério.

A reserva eucarística, mantida no sacrário, deve ficar, de preferência, em uma capela própria, que facilite a oração pessoal, silenciosa. A pia batismal e o lugar para o sacramento da reconciliação também devem, de preferência, dispor de um espaço próprio. As imagens, por sua vez, cumprem a sua função mistagógica se não forem excessivas e se forem dispostas de modo ordenado, deixando clara a centralidade do altar.

Quando o ambiente litúrgico está assim ordenado e "fala, de modo sublime, do mistério pascal de Cristo, o fiel dispõe-se à celebração litúrgica já ao entrar, levando consigo, na saída, a recordação da experiência para a sua vida cotidiana" (Celam, 2005, p. 330). Com frequência subestimamos a eloquência do espaço litúrgico. Para o bem (quando assente em uma compreensão teológico-litúrgica enraizada na Tradição) e para o mal (quando organizado a partir de subjetivismos: caprichos pessoais, tradicionalismos ou modas), o espaço nos fala. Compreendido a partir do mistério da encarnação, pode ser oferecido a Deus-Amor como espaço aberto à sua revelação, que não apenas fala do mistério, mas o torna presente.

6.5 A arte sacra

Profundamente ligada ao fato de que na celebração o mistério se expressa por meio de sinais sensíveis está a exigência de que esses sinais sejam apresentados de maneira artística. "Na medida em que todo o ambiente da liturgia possa alcançar um nível artístico, unido intimamente à Palavra e ao rito, será ela instrumento de fé transmitida e de celebração eficaz para ser transparência da experiência do mistério de Deus e de sua obra de salvação" (Celam, 2005, p. 329).

Por isso, não é exagero nenhum dizer que a arte é necessária à liturgia. Mais: "A arte e sua capacidade de oferecer comunicação evocativa é essencial ao trabalho querigmático da Igreja" (Celam, 2005, p. 336-337). O Papa Paulo VI (1964c, tradução nossa) explicou, falando aos artistas:

> Precisamos de vocês. O nosso ministério precisa da colaboração de vocês. Porque, como vocês sabem, o nosso ministério é o de pregar e tornar acessível e compreensível, até mesmo comovente, o mundo do espírito, do invisível, do inefável, de Deus. E nessa operação, que decanta o mundo invisível em fórmulas acessíveis, inteligíveis, vocês são mestres. É o seu ofício, a sua missão; e a sua arte é justamente a de colher do céu do espírito os seus tesouros e revesti-los de palavra, de cores, de formas, de acessibilidade. E não apenas uma acessibilidade como aquela do mestre de lógica ou de matemática, que torna, sim, compreensíveis os tesouros do mundo inacessível às faculdades cognitivas dos sentidos e à nossa imediata percepção das coisas. Vocês têm também esta outra prerrogativa, no próprio ato pelo qual tornam acessível e compreensível o mundo do espírito: de conservar a inefabilidade desse mundo, o sentido da sua transcendência, o seu halo de mistério, essa necessidade de alcançá-lo na facilidade e no esforço ao mesmo tempo.

Por isso, podemos dizer que hoje se compreende o papel da arte na liturgia não de modo meramente didático, como se se tratasse apenas de um instrumento para retratar cenas bíblicas. Ela não se limita a retratar em figuras aquilo que pode igualmente ser descrito em palavras: a sua linguagem é evocativa, isto é, a arte é capaz de falar o que as palavras não conseguem dizer. Assim, o seu papel é mistagógico e "contribui diretamente para a capacidade celebrativa da liturgia", porque a liturgia "não é puramente lógica e sistemática, mas também estética e mística" (Celam, 2005, p. 335). Nisso, a arte sacra está em plena continuidade com a lógica da história da salvação:

> A arte está relacionada com esse processo sacramental pelo qual se tem a experiência do sagrado. Por conseguinte, a fundamentação teológica da atividade artística é a encarnação. Sempre que cria algo com os materiais da terra, o artista afirma o processo encarnacional, o falar das coisas espirituais por meio do material. (Celam, 2005, p. 336)

Por isso, a liturgia não pode se tornar um "palavrismo", um momento em que as pessoas se reúnem apenas para ouvir o discurso do padre. A palavra falada é apenas um dos elementos que constituem a liturgia. Se nos limitamos a ela, a celebração perde uma parte enorme da sua força comunicativa. A capacidade comunicativa da arquitetura do espaço litúrgico, da música litúrgica, dos paramentos e objetos, das imagens sacras e dos gestos fica de fora. E é a arte que potencializa essa capacidade – inclusive a capacidade comunicativa da palavra falada, que também precisa ser bela, já que "a beleza não é um fator decorativo da ação litúrgica, mas seu elemento constitutivo, enquanto atributo do próprio Deus e da sua revelação" (SCa, n. 35).

Mas o que se entende aqui por *beleza*? Não o "mero esteticismo" nem a "simples harmonia de formas", mas a "modalidade com que a verdade do amor de Deus em Cristo nos alcança, fascina e arrebata, fazendo-nos sair de nós mesmos e atraindo-nos assim para a nossa verdadeira vocação: o amor" (SCa, n. 35). Nessa concepção de beleza, o que importa é que seja refletido o mistério pascal: "a 'transparência' da obra de arte leva-nos a experimentar não a obra, mas a realidade que a obra representa" (Celam, 2005, p. 339).

É por isso que o Concílio Vaticano II declarou que "a Igreja nunca considerou um estilo como próprio seu, mas aceitou os estilos de todas as épocas" e pediu que "Seja também cultivada livremente na Igreja a arte do nosso tempo, a arte de todos os povos e regiões" (SC, n. 123). O que importa na arte sacra não é o deleite pelo deleite nem o realismo nas representações – que muitas vezes acabam por desviar-nos do essencial –, mas a revelação da presença do mistério.

Nisso, estilos mais próximos à iconografia dos primeiros séculos cristãos parecem ter maior força evocativa do que as representações realistas às quais o Ocidente se acostumou. Isso porque os ícones e as imagens presentes no espaço litúrgico devem fazer com que vejamos além deles. Nesse sentido, a arte realista se apresenta um tanto quanto "opaca", fazendo com que o nosso olhar se detenha na própria obra, e não naquilo que ela aponta. O estilo dos ícones, por sua vez, "cria espaço" para que a presença do mistério se manifeste.

É por tudo isso que a arte sacra merece uma atenção especial, não devendo ser tratada como um artigo de decoração. "A arte forma a sensibilidade religiosa daqueles que a observam ou experimentam, podendo contribuir para uma fé verdadeira ou falsa" (Celam, 2005, p. 333). Toda a dimensão estética da liturgia – gestos, música, palavra, vestes, objetos, arquitetura, imaginária – deve, portanto, levar-nos a experimentar aquilo que é o coração da nossa fé: "A verdadeira beleza é o amor de Deus que nos foi definitivamente revelado no mistério pascal" (SCa, n. 35).

Síntese

A liturgia acontece em um "hoje", o hoje da salvação. A fidelidade do amor de Deus expressa nos acontecimentos salvíficos permanece para sempre, transcende todo o tempo e é tornada presente pela liturgia.

Assim, na liturgia se entrelaçam o passado, com a recordação das intervenções libertadoras de Deus na história; o presente da assembleia em sua situação concreta; e o futuro escatológico em que o Reino de Deus é plenamente realizado.

Temos necessidade dos sinais simbólico-sacramentais para aprendermos a desvelar a presença de Deus em nossa vida nesta existência situada no "já" e no "ainda não" escatológico, em que o Reino de Deus já começou, mas ainda não chegou à sua plenitude.

A unidade fundamental do tempo litúrgico é o domingo, celebração semanal da páscoa do Senhor. A prática de reunir-se aos domingos para a eucaristia é de origem apostólica.

As primeiras gerações cristãs também passaram a celebrar a páscoa como uma festa anual. No século V, os principais elementos do ano litúrgico, isto é, o ciclo pascal com a quaresma e o tempo pascal e o ciclo de natal incluindo o advento, já estavam consolidados.

O centro do ano litúrgico é o tríduo pascal, celebração da páscoa de Cristo. É nele que o ano litúrgico tem a sua fonte. O ano litúrgico não é meramente um calendário, mas a presença sacramental do mistério de Cristo que abraça o tempo.

Com a liturgia das horas, a vivência litúrgica do tempo penetra até mesmo os momentos de cada dia. A sua composição, maciçamente salmódica, e a sua estrutura são uma herança hebraica. Ela é a oração oficial da Igreja e, por isso, modelo de toda oração cristã. Com ela, a Igreja reconduz toda a realidade temporal a Cristo.

Na concepção cristã, o espaço sagrado não restringe a presença de Deus, mas a expressa e propicia a reunião da assembleia para a celebração litúrgica. O espaço litúrgico reflete o modo como enxergamos a Igreja. Deve, portanto, permitir a participação ativa de toda a assembleia e o exercício dos diversos ministérios.

O centro do espaço litúrgico é o altar, como ícone do próprio Cristo em meio ao seu povo. É para ele que se volta o olhar da assembleia. É preciso valorizar ainda o ambão e a sede, que não se resumem às suas funções práticas, mas são sinais da presença de Jesus que ensina e preside o seu povo.

Com sua linguagem evocativa, a arte é necessária à liturgia, pois é capaz de falar o que as palavras não conseguem dizer. Tem função mistagógica, muito mais do que didática. Por isso, as expressões artistas devem nos levar para além delas, dando "espaço" à manifestação de Deus.

Atividades de autoavaliação

1. A respeito da natureza do tempo litúrgico, assinale a alternativa **incorreta**:
   a) Na liturgia, passado, presente e futuro se entrelaçam.
   b) A liturgia manifesta e torna presente a fidelidade permanente do amor de Deus.
   c) A liturgia não se subtrai ao tempo presente, mas pascaliza a nossa história.
   d) A morte de Jesus se repete várias vezes, a cada celebração.

2. Considere as seguintes afirmações a respeito do ano litúrgico:
   I. A organização dos tempos litúrgicos data do século I.
   II. Desde a geração apostólica, os cristãos se reúnem aos domingos para a eucaristia.
   III. Mais do que um calendário, o ano litúrgico é a presença do mistério de Cristo que abraça o tempo.
   IV. A festa mais importante do ano litúrgico é o natal.

   Assinale a alternativa correta:
   a) Apenas as afirmações I e III são verdadeiras.
   b) Apenas as afirmações I e II são verdadeiras.
   c) Apenas as afirmações II e IV são verdadeiras.
   d) Apenas as afirmações II e III são verdadeiras.

3. Com relação à liturgia das horas, é correto afirmar:
   a) É uma forma de oração reservada ao clero e às congregações religiosas.
   b) É a oração oficial da Igreja e, portanto, modelo de toda a oração cristã.
   c) É constituída por uma série de salmos rezada a cada hora do dia, totalizando 12 momentos de oração.
   d) É uma forma de oração muito importante, mas o rosário é mais importante.

4. Assinale V para verdadeiro e F para falso com relação às seguintes afirmações:
   ( ) Convém que existam vários altares na igreja, para manifestar a onipresença de Deus.
   ( ) O sacrário é o centro do espaço litúrgico.
   ( ) O espaço sagrado é o único lugar onde posso encontrar a presença de Deus.
   ( ) A sede não tem mera função prática, mas é sinal de Cristo que preside o seu povo.
   ( ) Não se deve usar o ambão para avisos e homenagens.

   Assinale a alternativa que apresenta a sequência correta:
   a) F, V, F, V, V.
   b) V, V, V, F, F.
   c) F, F, F, V, V.
   d) F, F, V, F, V.

5. Sobre a arte sacra, é correto afirmar:
   a) O seu papel é didático: ela serve para representar as cenas bíblicas.
   b) A arte sacra deve ser o mais realista possível.

c) A arte sacra deve prezar pela perfeição das formas e pela simetria.
d) A arte sacra contribui diretamente para a capacidade celebrativa da liturgia.

Atividades de aprendizagem

Questões para reflexão

1. O espaço litúrgico da sua comunidade reflete a natureza da Igreja como povo sacerdotal enriquecido por uma diversidade de ministérios? O espaço possibilita a participação ativa da assembleia?

2. A liturgia contribui para a sua experiência do tempo, isto é, da vida, da história? Você percebe a sua vida ritmada – e iluminada – pela eucaristia dominical e pelos ciclos do ano litúrgico?

Atividade aplicada: prática

1. Converse com uma pessoa que tenha o hábito de celebrar a liturgia das horas e pergunte como ela vive essa oração, como a oração das horas abre espaço para a manifestação de Deus no decorrer do dia. Converse também sobre as dificuldades que ela possa ter para celebrar bem a liturgia das horas.

Considerações finais

Ao chegarmos ao fim deste livro, retomemos uma frase já citada do liturgista espanhol Dionisio Borobio (2009, p. 49): "Diz-me como celebras e te direi como crês e fazes Igreja". A liturgia é, como vimos, a manifestação mais plena da Igreja. A *ekklesía*, a comunhão universal dos discípulos, se concretiza na Igreja local e se revela na assembleia litúrgica.

Basta lançarmos um olhar para as nossas comunidades para constatarmos que de fato é assim. As celebrações litúrgicas são, quase sempre, a porta de entrada de qualquer comunidade. Imagine, por exemplo, uma pessoa que não costuma ir à igreja e que vai a uma celebração de batismo, de matrimônio ou a uma eucaristia pelo sétimo dia. É nessas situações que ela avalia – de forma consciente ou não – se vale a pena reatar os vínculos com a comunidade. Participar da celebração é o suficiente para enxergar muitas coisas sobre a "atmosfera", a "saúde" de uma comunidade. Sem nos delongar muito, vamos partir do tema central de cada capítulo deste livro para avaliar a nossa experiência eclesial e repensar a Igreja que queremos ser. Começaremos, porém, de trás para a frente.

Tempo e espaço abertos ao mistério

A liturgia oferece uma riquíssima experiência simbólica através de sua relação com o espaço e o tempo. Se nos atermos apenas ao ano litúrgico, que maravilhosa pedagogia está por trás de seus tempos e festas! É uma pedagogia que revela a processualidade de nossa experiência de fé: não estamos prontos de uma hora para a outra, existe um tempo para cada coisa, a fé passa por diversas estações. Ao mesmo tempo, é mais do que pedagogia: é presença do mistério de Cristo – "o Pedagogo", como o chamava Clemente de Alexandria († 215), aquele que nos encontra precisamente onde estamos para nos conduzir de ressurreição em ressurreição. Deixar de dar relevância a cada tempo litúrgico reforça uma mentalidade muito corrente na Igreja – e muito prejudicial – segundo a qual a fé cristã não é um caminho, mas um esquema no qual o fiel deve se encaixar perfeitamente desde o primeiro passo.

A concepção do espaço litúrgico também diz muito sobre a experiência de fé de uma comunidade. Perceba ao entrar em uma igreja: a centralidade do altar está clara ou é ofuscada por outros elementos – ligados não ao coração da liturgia, mas a devoções como novenas e outras práticas? Já cheguei a ver um santuário que tinha um "altar da graça", que era, na prática, o centro da celebração: tratava-se de uma urna com pedidos, decorada com um TNT cor-de-rosa e mencionada a todo momento. O verdadeiro altar da graça, onde Deus se faz dom, era um mero detalhe, tornado estéril pela falta de significado. Às vezes, fazem-se amplas reformas em nossas igrejas: melhoram-se os materiais, refazem-se os sistemas de luz e som, mas tudo permanece, por fim, como antes – celebrações em que o centro é a pessoa do presidente, o presbitério é o seu palco e o altar é algo distante, que toca apenas ao presidente estar próximo. E assim, enquanto colocamos obstáculos entre o mistério e a comunidade, permanecem os clericalismos, os ritualismos e os devocionalismos.

Um diálogo feito de sinais e palavras

Não raro, encontramos alguma das duas visões seguintes sobre a liturgia. Uma delas sublinha a eficácia do rito pelo rito. Esse grupo não se importa que o pão que costumeiramente usamos nas celebrações – as partículas brancas e redondas – não se pareça com pão: sendo uma mistura de trigo e água, é válido para a transubstanciação. Na mesma linha, é irrelevante se será usado apenas um pão que seria então partido e se a comunidade comungará também do vinho consagrado, pois em cada fragmento das hóstias consagradas Cristo está presente. É uma visão em que a liturgia funciona como uma "mágica". Outra visão rejeita essa concepção, entendendo que não há mágica nenhuma: a celebração seria uma dinâmica de partilha, que tem uma função meramente pedagógica. Para esse grupo, é melhor que o pão pareça pão, para atender ao objetivo da dinâmica. Na verdade, bastaria que se repartisse qualquer coisa. Esses grupos costumam ser vistos como opostos dentro da Igreja, mas na verdade têm muito em comum. O problema de ambas as visões é que elas rejeitam a profundidade do simbólico como o meio através do qual o mistério se comunica conosco: a primeira cai no automatismo e beira a superstição – o que importa é que se realize algo que não vemos nem sentimos; já a segunda abdica de reconhecer a presença real do mistério na celebração e esbarra no moralismo – o que importa é ensinar um valor moral. Assim, ambas se revelam inaptas para comunicar-se integralmente com o ser humano, em todas as suas dimensões.

Para que a liturgia alimente a comunidade e forme verdadeiramente um corpo a serviço da transubstanciação do mundo em amor, é preciso redescobrir a sua dimensão simbólica, como fez o movimento litúrgico e o Concílio Vaticano II. E recuperar a dimensão simbólica implica redescobrir a experiência da fé cristã como relação, como encontro: no encontro com Jesus Cristo, não há espaço para automatismos nem para moralismos. As palavras, a música, os elementos materiais e tudo o mais que constitui a liturgia se revelam, assim, como portadores do mistério, que é um mistério pessoal: dessa maneira, não são tratados nem como se tivessem poder em si mesmos, nem como se fossem irrelevantes. Uma comunidade que valoriza a veracidade dos sinais litúrgicos é uma comunidade que acolhe em suas celebrações a presença transformadora de Deus-Amor, expressa palpavelmente nos sinais sensíveis que as compõem.

O encontro entre Deus e seu povo

Poderíamos pensar na liturgia como uma ação que começa em Deus – que suscita o louvor em nosso coração –, encontra resposta em nós e chega novamente a Deus. Contudo, é ainda mais do que isso: toda a assembleia ora em Cristo, a sua oração é a oração de Cristo, de modo que, na celebração, a humanidade está o tempo todo enxertada na divindade. A liturgia é uma ação divino-humana. E isso se torna possível quando a nossa humanidade, diante do mistério, está em atitude de acolhida. Não se trata de passividade, como se Deus não desejasse a nossa colaboração, tampouco se trata de fazermos tudo a partir da nossa subjetividade, como se a presença de Deus não fosse um dom e sim tivesse que ser produzida a partir dos meus próprios critérios individuais. É notável como, também aqui, a nossa compreensão da liturgia revela a compreensão de Igreja, de vida cristã, que nós temos: Enxergo o meu caminho com Cristo como um processo em que eu me esforço e Deus se limita a me "ajudar" – como se fosse eu o responsável por "produzir" a presença de Deus em minha vida – ou como um dom que acolho?

Essa dinâmica de dom e acolhida é favorecida quando a assembleia se manifesta liturgicamente como aquilo que ela é chamada a ser: comunidade ministerial, rica de dons e carismas, um corpo em que verdadeiramente uns dependem dos outros. Esse é o povo sacerdotal de Deus que celebra o mistério. O modo como uma comunidade concebe e vivencia essa comunhão é uma das coisas que ficam mais visíveis para alguém que a visita em uma celebração. A maneira como cada um desempenha o seu ministério, dando o melhor de si, mas sem protagonismo pessoal, como partes de um todo, revela-se no rosto da comunidade o rosto de Cristo, o rosto de Deus-Amor. A comunidade torna-se, assim, um oásis de comunhão, paz e fraternidade, em um mundo tão marcado pela competitividade, pela inveja e pelas relações de poder.

Respondendo ao nosso chamado hoje

Vivemos em um momento privilegiado da história da Igreja. No último século, temos redescoberto dimensões fundamentais da liturgia que haviam sido esquecidas ou desprezadas: a centralidade do mistério pascal, a participação ativa de toda a assembleia, a diversidade de ministérios que o Espírito suscita na Igreja, a importância da palavra de Deus, o caráter comunitário da vida de fé e da experiência celebrativa etc. O movimento litúrgico e o Concílio Vaticano II nos transmitiram um precioso legado, fecundo e rico de possibilidades. Nós nos encontramos nesse momento da história e Deus nos chama a viver a nossa fé hoje, e não com os modelos de outros tempos. A bússola para a Igreja do século XXI, como reiteraram São João Paulo II (NMI, n. 57) e Bento XVI (2012), é o Concílio Vaticano II.

Por isso, compete a nós conhecer o concílio e os seus documentos em seu contexto, guiando o nosso agir pastoral com fidelidade às suas inspirações. Isso, é claro, está muito longe de se usar o concílio para justificar toda espécie de subjetivismo, o que trairia suas intenções. O legado do movimento litúrgico e do concílio para a liturgia é um tesouro precioso, que se pauta na fidelidade à natureza da liturgia, na redescoberta da experiência dos cristãos dos primeiros séculos e na renovada compreensão das relações entre a Igreja e o mundo – e não em uma criatividade irresponsável, nem em um desprezo racionalista pelo simbólico e tampouco em uma rendição irrefletida aos critérios do mundo. Esse legado já ajudou bastante as nossas comunidades a viver a liturgia. Mas ainda falta muito.

A liturgia que transforma

A eficácia é um tema que sempre está ligado à liturgia e aos sacramentos – uma das definições para *sacramento* é a de "sinal eficaz". O modo como entendemos essa eficácia revela o nosso modo de conceber a vida cristã. É verdade que os sacramentos têm uma eficácia própria, no sentido de que realizam verdadeiramente aquilo que pretendem, como o perdão dos pecados no caso do sacramento da penitência ou a configuração a Cristo-cabeça no caso do sacramento da ordem. Mas essa é só a primeira parte do processo. A nossa acolhida à graça – que é a própria presença salvífica de Deus – deve ser tal que realmente nos transforme. Na transformação de cada um de nós e de nós todos está a eficácia final da liturgia. E é aí que a vemos plenamente entretecida com outros âmbitos da nossa vida, já que o processo de nossa transformação ocorre precisamente no diálogo entre a liturgia e a vida.

Você já deve ter ouvido alguém comentando sobre uma pessoa que "acabou de sair da missa" e já está fofocando, falando mal dos outros, irritando-se ou qualquer coisa assim. O rosto da Igreja que a nossa vida desvela tem muito a ver com a maneira como fazemos da vida uma continuidade da celebração litúrgica e vice-versa. Isso não significa fazer da nossa vida um ritual aparentemente "piedoso" nem fazer da liturgia uma experiência indistinta da vida do dia a dia. Significa, isso sim, levar à celebração a nossa vida com tudo aquilo que somos, permitir que o Senhor nos toque e, por outro lado, permanecer tocados pelo seu amor na vida cotidiana, fazendo da nossa existência um louvor a Deus e colocando-a a serviço da transubstanciação do mundo em amor, através de olhares e gestos compassivos, misericordiosos e ávidos em fazer o bem – até que Deus seja tudo em todos.

Viver o mistério

Falamos do toque de Deus – o que nos lembra, como vimos neste livro, a imagem que abre a seção sobre liturgia do *Catecismo da Igreja Católica* (CIC): a cura da mulher com uma hemorragia. Esse episódio nos revela algo que pertence ao cerne da liturgia: sem relação, sem toque, sem encontro, não há celebração. Pedir perdão, louvar, interceder, ouvir, meditar, contemplar, oferecer-se, inclinar-se, entrar em comunhão – são todas ações relacionais, que não fazem sentido em si mesmas, mas apenas enquanto dirigidas a um outro. Descartar o encontro vivo e real com o Pai, o Filho e o Espírito Santo é a raiz comum de todas as concepções problemáticas de liturgia, desde a concepção puramente imanente, que não vê na liturgia mais do que um recurso pedagógico, até a concepção ritualista, que enxerga a celebração como uma formalidade ou um passe de mágica. E uma Igreja que não vive do encontro com o Senhor, o que terá a testemunhar?

É o encontro que transforma, é o encontro que é eficaz – a experiência do amor misericordioso do Pai que se expressa de modo palpável no dom do Filho e que se abre a nós pelo derramamento do Espírito. Um encontro que supera as dicotomias entre a "vida espiritual" e a "vida real", entre o corpo e o espírito, mas que integra e envolve todo o nosso ser; em que o espiritual se revela no material e o material se torna portador do espiritual. Pão, vinho, água, óleo, perfume, incenso, vestes, abraço, beijo, altar, ícone, música, silêncio, palavra, pessoas! Sinais sensíveis que revelam a Igreja que ao mesmo tempo já somos e ainda somos chamados a ser: a amada esposa de Cristo, feita um só corpo com ele, banhada no Espírito para servir a humanidade e fazer de toda a criação um louvor ao Pai das misericórdias e um sinal do mistério de Deus-Amor.

Lista de siglas

Documentos eclesiais

ADA	*Abhinc Duos Annos, motu proprio* de São Pio X
AL	*Amoris Lætitia*, exortação apostólica pós-sinodal de Francisco
Celam	Conselho Episcopal Latino-Americano
CIC	Catecismo da Igreja Católica
DCE	*Deus Caritas Est*, carta encíclica de Bento XVI
DD	*Dies Domini*, carta apostólica de São João Paulo II
DM	*Dives in Misericordia*, carta encíclica de São João Paulo II
DV	*Dei Verbum*, constituição dogmática do Concílio Vaticano II
ELM	Elenco das Leituras da Missa
ES	*Ecclesiam Suam*, carta encíclica do Beato Paulo VI
GS	*Gaudium et Spes*, constituição pastoral do Concílio Vaticano II
IGMR	Instrução Geral do Missal Romano

LF	*Lumen Fidei*, carta encíclica de Francisco
LG	*Lumen Gentium*, constituição dogmática do Concílio Vaticano II
MD	*Mediator Dei*, carta encíclica de Pio XII
MV	*Misericordiae Vultus*, bula de Francisco
NMI	*Novo Millennio Ineunte*, carta apostólica de São João Paulo II
PF	*Porta Fidei*, carta apostólica de Bento XVI
SC	*Sacrosanctum Concilium*, constituição dogmática do Concílio Vaticano II
SCa	*Sacramentum Caritatis*, exortação apostólica pós-sinodal de Bento XVI
SS	*Spe Salvi*, carta encíclica de Bento XVI
ST	Suma Teológica, de Santo Tomás de Aquino
TS	*Tra le Sollicitudini*, *motu proprio* de São Pio X

Livros bíblicos

Gn	Livro de Gênesis
Ex	Livro do Êxodo
Lv	Livro do Levítico
1Sm	Primeiro Livro de Samuel
Sl	Livro de Salmos
Is	Livro de Isaías
Dn	Livro de Daniel
Os	Livro de Oseias
Am	Livro de Amós
Mt	Evangelho segundo São Mateus
Mc	Evangelho segundo São Marcos
Lc	Evangelho segundo São Lucas
Jo	Evangelho segundo São João
At	Atos dos Apóstolos
Rm	Epístola aos Romanos
1Cor	Primeira Epístola aos Coríntios

2Cor	Segunda Epístola aos Coríntios
Gl	Epístola aos Gálatas
Ef	Epístola aos Efésios
Fl	Epístola aos Filipenses
Cl	Epístola aos Colossenses
1Ts	Primeira Epístola aos Tessalonicenses
1Tm	Primeira Epístola a Timóteo
2Tm	Segunda Epístola a Timóteo
Hb	Epístola aos Hebreus
Tg	Epístola de Tiago
1Pd	Primeira Epístola de São Pedro
1Jo	Primeira Epístola de São João
Ap	Apocalipse

Referências

ALDAZÁBAL, J. **Instrução Geral sobre o Missal Romano**: terceira edição. São Paulo: Paulinas, 2007.

BÉGUERIE, P.; BEZANÇON, J.-N. **A missa de Paulo VI**: retorno ao coração da tradição. São Paulo: Paulus, 2016.

BENTO XVI, Papa. **Audiência geral**. Roma, 10 out. 2012. Disponível em: <http://w2.vatican.va/content/benedict-xvi/pt/audiences/2012/documents/hf_ben-xvi_aud_20121010.html>. Acesso em: 9 maio 2018.

______. **Deus Caritas Est**. Roma, 25 dez. 2005a. Disponível em: <http://w2.vatican.va/content/benedict-xvi/pt/encyclicals/documents/hf_ben-xvi_enc_20051225_deus-caritas-est.html>. Acesso em: 13 abr. 2018.

______. Palavras do Papa Emérito Bento XVI. In: COMEMORAÇÃO do 65º aniversário da ordenação sacerdotal do Papa emérito Bento XVI. 28 jun. 2016. Disponível em: <https://w2.vatican.va/content/francesco/pt/speeches/2016/june/documents/papa-francesco_20160628_65-ordinazione-sacerdotale-benedetto-xvi.html>. Acesso em: 29 jan. 2018.

BENTO XVI, Papa. **Porta Fidei**. Roma, 11 out. 2011. Disponível em: <http://w2.vatican.va/content/benedict-xvi/pt/motu_proprio/documents/hf_ben-xvi_motu-proprio_20111011_porta-fidei.html>. Acesso em: 17 abr. 2018.

______. **Sacramentum Caritatis**. Roma, 22 fev. 2007a. Disponível em: <http://w2.vatican.va/content/benedict-xvi/pt/apost_exhortations/documents/hf_ben-xvi_exh_20070222_sacramentum-caritatis.html>. Acesso em: 13 abr. 2018.

______. **Spe Salvi**. Roma, 30 nov. 2007b. Disponível em: <http://w2.vatican.va/content/benedict-xvi/pt/encyclicals/documents/hf_ben-xvi_enc_20071130_spe-salvi.html>. Acesso em: 16 abr. 2018.

______. **Viagem apostólica a Colónia por ocasião da XX Jornada Mundial da Juventude**. Colónia, 21 ago. 2005b. Disponível em: <http://w2.vatican.va/content/benedict-xvi/pt/homilies/2005/documents/hf_ben-xvi_hom_20050821_20th-world-youth-day.html>. Acesso em: 12 abr. 2018.

BÍBLIA. Português. **Bíblia de Jerusalém**. São Paulo: Paulus, 2017.

BONOWITZ, B. **Saint Bernard's Three-Course Banquet**: Humility, Charity and Contemplation in the De Gradibus. Collegeville: Liturgical Press, 2013.

BOROBIO, D. **A dimensão estética da liturgia**: arte sagrada e espaços para celebração. São Paulo: Paulus, 2010.

______. **Celebrar para viver**: liturgia e sacramentos da Igreja. São Paulo: Loyola, 2009.

BUYST, I. **O segredo dos ritos**: ritualidade e sacramentalidade da liturgia cristã. São Paulo: Paulinas, 2011.

______. **Participar da liturgia**. São Paulo: Paulinas, 2012.

BUYST, I.; SILVA, J. A. da. **O mistério celebrado**: memória e compromisso I. São Paulo: Paulinas; Valência: Siquem, 2003. (Livros Básicos de Teologia, v. 9).

CASEL, O. **O mistério do culto no cristianismo**. Tradução de Gemma Scardini. São Paulo: Loyola, 2009.

CASTELLANO, J. **Liturgia e vida espiritual**: teologia, celebração, experiência. Tradução de Antonio Efro Feltrin. São Paulo: Paulinas, 2008.

CELAM – Conselho Episcopal Latino-Americano. **Manual de liturgia I**: a celebração do mistério Pascal – introdução à celebração litúrgica. 2. ed. São Paulo: Paulus, 2004.

CELAM – Conselho Episcopal Latino-Americano. **Manual de liturgia II**: a celebração do mistério pascal – fundamentos teológicos e elementos constitutivos. São Paulo: Paulus, 2005.

CIC – Catecismo da Igreja Católica. Vaticano, 1992. Disponível em: <http://www.vatican.va/archive/cathechism_po/index_new/prima-pagina-cic_po.html>. Acesso em: 12 abr. 2018.

CORDEIRO, J. de L. (Org.). **Antologia litúrgica**: textos litúrgicos, patrísticos e canónicos do primeiro milénio. 2. ed. Fátima: Secretariado Nacional de Liturgia, 2015.

FLORES, J. J. **Introdução à teologia litúrgica**. São Paulo: Paulinas, 2006.

FRANCISCO, Papa. **Amoris Lætitia.** Roma, 19 mar. 2016. Disponível em: <http://w2.vatican.va/content/francesco/pt/apost_exhortations/documents/papa-francesco_esortazione-ap_20160319_amoris-laetitia.html>. Acesso em: 16 abr. 2018.

______. **Discurso do Papa Francisco aos participantes da 68ª Semana Litúrgica Nacional.** 24 ago. 2017. Disponível em: <http://w2.vatican.va/content/francesco/pt/speeches/2017/august/documents/papa-francesco_20170824_settimana-liturgica-nazionale.html>. Acesso em: 12 abr. 2018.

______. **Lumen Fidei.** Roma, 29 jun. 2013. Disponível em: <http://w2.vatican.va/content/francesco/pt/encyclicals/documents/papa-francesco_20130629_enciclica-lumen-fidei.html>. Acesso em: 17 abr. 2018.

______. **Misericordiae Vultus.** São Paulo: Loyola; Paulus, 2015.

GERHARDS, A.; KRANEMANN, B. **Introdução à liturgia**. São Paulo: Loyola, 2012.

JACKSON, R. **The Shepherd Who Didn't Run**. Disponível em: <http://ndepth.newsok.com/father-rother>. Acesso em: 8 maio 2018.

JOÃO CRISÓSTOMO, São. Homilia 20. In: SCHAFF, P. (Ed.). **Nicene and Post-Nicene Fathers: First Series**. Buffalo; New York: Christian Literature Publishing Co., 1889. Disponível em: <http://www.newadvent.org/fathers/220220.htm>. Acesso em 10 maio 2018.

______. Homilia 45. In: ______. **Obras de San Juan Crisóstomo.** Madri: Biblioteca de Autores Cristianos, 1955. v. 2.

JOÃO PAULO II, Papa. **Dies Domini**. Vaticano, 31 maio 1998. Disponível em: <http://w2.vatican.va/content/john-paul-ii/pt/apost_letters/1998/documents/hf_jp-ii_apl_05071998_dies-domini.html>. Acesso em: 13 abr. 2018.

______. **Dives in Misericordia**. Roma, 30 nov. 1980. Disponível em: <http://w2.vatican.va/content/john-paul-ii/pt/encyclicals/documents/hf_jp-ii_enc_30111980_dives-in-misericordia.html>. Acesso em: 17 abr. 2018.

______. **Novo Millennio Ineunte**. Roma, 6 jan. 2001. Disponível em: http://w2.vatican.va/content/john-paul-ii/pt/apost_letters/2001/documents/hf_jp-ii_apl_20010106_novo-millennio-ineunte.html>. Acesso em: 9 maio 2018.

JOHNSON, C.; JOHNSON, S. **O espaço litúrgico da celebração**: guia litúrgico prático para a reforma das igrejas no espírito do Concílio Vaticano II. Tradução de José Raimundo de Melo. São Paulo: Loyola, 2006.

JUNGMANN, J. A. **Missarum Sollemnia**. São Paulo: Paulus, 2008.

JUST, F. **Lectionary Statistics**. 2009. Disponível em: <http://catholic-resources.org/Lectionary/Statistics.htm>. Acesso em: 12 abr. 2018.

MARSILI, S. **Sinais do mistério de Cristo**: teologia litúrgica dos sacramentos, espiritualidade e ano litúrgico. São Paulo: Paulinas, 2009.

PASSARELLI, G. **Lindalva Justo de Oliveira**: a bem-aventurada Filha da Caridade. São Paulo: Paulinas, 2011. (Coleção Luz do Mundo).

PAULO VI, Papa. **Dei Verbum**. Roma, 18 nov. 1965a. Disponível em: <http://www.vatican.va/archive/hist_councils/ii_vatican_council/documents/vat-ii_const_19651118_dei-verbum_po.html>. Acesso em: 16 abr. 2018.

______. **Ecclesiam Suam**. Roma, 6 ago. 1964a. Disponível em: <http://w2.vatican.va/content/paul-vi/pt/encyclicals/documents/hf_p-vi_enc_06081964_ecclesiam.html>. Acesso em: 18 abr. 2018.

______. **Gaudium et Spes**. Roma, 7 dez. 1965b. Disponível em: <http://www.vatican.va/archive/hist_councils/ii_vatican_council/documents/vat-ii_const_19651207_gaudium-et-spes_po.html>. Acesso em: 16 abr. 2018.

______. **Lumen Gentium**. Roma, 21 nov. 1964b. Disponível em: <http://www.vatican.va/archive/hist_councils/ii_vatican_council/documents/vat-ii_const_19641121_lumen-gentium_po.html>. Acesso em: 13 abr. 2018.

PAULO VI, Papa. **Omelia di Paolo VI**. 7 maio 1964c. Disponível em: <https://w2.vatican.va/content/paul-vi/it/homilies/1964/documents/hf_p-vi_hom_19640507_messa-artisti.html>. Acesso em: 12 abr. 2018.

______. **Sacrosanctum Concilium**. Roma, 4. dez. 1963. Disponível em: <http://www.vatican.va/archive/hist_councils/ii_vatican_council/documents/vat-ii_const_19631204_sacrosanctum-concilium_po.html>. Acesso em: 13 abr. 2018.

PIO V, Papa. **A bula Quo primum tempore**. São Paulo: Permanência, 2013.

PIO X, Papa. Abhinc Duos Annos. **Acta Apostolicae Sedis**, Roma, v. 5, n. 16, p. 449-451, 20 out. 1913. Disponível em: <http://www.vatican.va/archive/aas/documents/AAS-05-1913-ocr.pdf>. Acesso em: 11 maio 2018.

______. **Tra le Sollicitudini**. Roma, 22 nov. 1993. Disponível em: <http://w2.vatican.va/content/pius-x/pt/motu_proprio/documents/hf_p-x_motu-proprio_19031122_sollecitudini.html>. Acesso em: 11 maio 2018.

PIO XII, Papa. **Discours du Pape Pie XII aux participants au Congrés International de Liturgie Pastorale**. 22 set. 1956. Disponível em: <http://w2.vatican.va/content/pius-xii/fr/speeches/1956/documents/hf_p-xii_spe_19560922_liturgia-pastorale.html>. Acesso em: 9 maio 2018.

______. **Mediator Dei**. Castel Gandolfo, 20 nov. 1947. Disponível em: <http://w2.vatican.va/content/pius-xii/pt/encyclicals/documents/hf_p-xii_enc_20111947_mediator-dei.html>. Acesso em: 17 abr. 2018.

RATZINGER, J. **Introdução ao cristianismo**: preleções sobre o símbolo apostólico. São Paulo: Loyola, 2005.

______. **Introdução ao espírito da liturgia**. 4. ed. São Paulo: Loyola, 2015.

______. **Teología de la liturgia**: la fundamentación sacramental de la existencia cristiana. Madrid: Biblioteca de Autores Cristianos, 2012. (Obras Completas, Tomo XI).

SANTA SÉ. Congregação para o Culto Divino e a Disciplina dos Sacramentos. **Lecionário dominical**. São Paulo: Paulinas, 1994.

______. **Missal Romano**. São Paulo: Paulus, 1997.

SIROLLI, G. (Org.). **La didachè**. Roma: Edizioni Presenza, 1966.

ZEZINHO, Padre. **Catequese dos sinais**: a fé que vem pelos olhos. Aparecida: Catholicus, 2017.

Bibliografia comentada

ALDAZÁBAL, J. **Instrução Geral sobre o Missal Romano**: terceira edição. São Paulo: Paulinas, 2007.

A Instrução Geral do Missal Romano (IGMR) é o documento em que constam todas as normas para a celebração eucarística no rito romano. Ela consta nas primeiras páginas do próprio missal. A presente edição traz o texto integral da 3ª edição da IGMR (2002) com comentários de José Aldazábal que ajudam a situar e compreender as suas instruções.

BÉGUERIE, P.; BEZANÇON, J.-N. **A missa de Paulo VI**: retorno ao coração da tradição. São Paulo: Paulus, 2016.

Bastante sintético, esse livro explora a riqueza da reforma litúrgica do Concílio Vaticano II, entendendo-a plenamente como restauração da liturgia romana dos primeiros séculos. Assim, enfatiza a herança hebraica da liturgia cristã e as principais mudanças em relação à forma pré-conciliar do rito romano.

BENTO XVI, Papa. **Viagem apostólica a Colónia por ocasião da XX Jornada Mundial da Juventude**. Colónia, 21 ago. 2005. Disponível em: <http://w2.vatican.va/content/benedict-xvi/pt/homilies/2005/documents/hf_ben-xvi_hom_20050821_20th-world-youth-day.html>. Acesso em: 12 abr. 2018.

A Jornada Mundial da Juventude de 2005 foi centrada na eucaristia – foi a partir dali que a adoração eucarística na vigília passou a fazer parte das jornadas. Na homilia da celebração eucarística que encerrou a jornada de 2005, Bento XVI abordou de modo simples uma das suas concepções fundamentais a respeito da eucaristia, isto é, o fato de que ela está em vista da transformação do ser humano e do mundo.

BONOWITZ, B. **Saint Bernard's Three-Course Banquet**: Humility, Charity, and Contemplation in the De Gradibus. Collegeville: Liturgical Press, 2013.

Nesse comentário à obra *De Gradibus*, de São Bernardo de Claraval, o abade trapista Bernardo Bonowitz versa sobre temas fundamentais que dizem respeito à salvação que Deus nos oferece e ao nosso caminho para recebê-la.

BOROBIO, D. **A dimensão estética da liturgia**: arte sagrada e espaços para celebração. São Paulo: Paulus, 2010.

Nesse pequeno volume, o autor reflete sobre a relação entre a liturgia e a beleza e aponta caminhos para que o espaço celebrativo potencialize a ação ritual. O livro aborda essa relação entre o espaço e a teologia de cada um dos sacramentos.

BOROBIO, D. **Celebrar para viver**: liturgia e sacramentos da Igreja. São Paulo: Loyola, 2009.

A primeira parte dessa obra, que utilizamos aqui, trata de maneira clara e sintética de alguns temas fundamentais da liturgia. Mas o forte do livro está na segunda parte, cujo escopo não pertence ao presente livro: o autor trata de cada um dos sacramentos, com base em uma perspectiva histórica, teológica, pastoral e vivencial, de forma bastante didática.

BUYST, I. **O segredo dos ritos**: ritualidade e sacramentalidade da liturgia cristã. São Paulo: Paulinas, 2011.

Nesse livro, Ione Buyst nos conduz para o interior da estrutura sacramental da liturgia, aprofundando o processo comunicativo que os sinais sensíveis estabelecem na celebração. O texto levanta diversas reflexões sobre a experiência litúrgica de nossas comunidades e dá indicações para uma formação litúrgica que seja realmente integral.

BUYST, I. **Participar da liturgia**. São Paulo: Paulinas, 2012.

Esse pequeno e acessível volume introduz o leitor na questão da participação ativa de toda a comunidade na celebração litúrgica, relacionando-a com outras reflexões pertinentes acerca da experiência litúrgica como um todo.

BUYST, I.; SILVA, J. A. da. **O mistério celebrado**: memória e compromisso I. São Paulo: Paulinas; Valência: Siquem, 2003. (Livros Básicos de Teologia, v. 9).

Esse livro é parte da coleção Livros Básicos de Teologia, que traz as diversas disciplinas teológicas de maneira introdutória e didática e, ao mesmo tempo, consistente e bem-fundamentada. O volume, preparado por dois dos maiores liturgistas do Brasil, trata de temas fundamentais, constituindo-se em uma excelente introdução com um claro viés pastoral.

CASEL, O. **O mistério do culto no cristianismo**. Tradução de Gemma Scardini. São Paulo: Loyola, 2009.

Essa obra é um marco fundamental do movimento litúrgico. Nela, Odo Casel, a partir das fontes litúrgicas da antiguidade cristã, recolocou o foco da liturgia na ação de Deus, revalorizando o mistério como realidade nuclear da celebração. O original é de 1932.

CASTELLANO, J. **Liturgia e vida espiritual**: teologia, celebração, experiência. Tradução de Antonio Efro Feltrin. São Paulo: Paulinas, 2008.

A *Sacrosanctum Concilium* deixa claro que, se a liturgia não esgota a vida da Igreja, ela deve ser a fonte da autêntica espiritualidade cristã. Esse livro aborda as diversas relações que podem ser traçadas entre a liturgia e a vida espiritual, desde a modalidade da presença de Cristo e do Espírito na liturgia até a interação entre a liturgia e os atos devocionais.

CELAM – Conselho Episcopal Latino-Americano. **Manual de liturgia I**: a celebração do mistério Pascal – introdução à celebração litúrgica. 2. ed. São Paulo: Paulus, 2004.

Essa publicação do Conselho Episcopal Latino-Americano (Celam) reuniu diversos especialistas em liturgia da América Latina para oferecer uma introdução aos principais temas da liturgia litúrgica refletindo a realidade eclesial de nossas comunidades. Embora destinado principalmente aos seminaristas, é bastante útil para qualquer pessoa que deseja estudar o tema. Nesse primeiro volume, os assuntos são abordados de maneira mais introdutória.

CELAM – Conselho Episcopal Latino-Americano. **Manual de liturgia II**: a celebração do mistério Pascal – fundamentos teológicos e elementos constitutivos. São Paulo: Paulus, 2005.
Nesse outro volume, os elementos da liturgia são abordados de maneira bem mais detalhada e aprofundada, sobretudo quando trata da oração litúrgica, da música, da Palavra de Deus, dos sinais e símbolos, do espaço celebrativo e dos livros litúrgicos.

CORDEIRO, J. de L. (Org.). **Antologia litúrgica**: textos litúrgicos, patrísticos e canónicos do primeiro milénio. 2. ed. Fátima: Secretariado Nacional de Liturgia, 2015.
Essa coletânea organizada pelo Secretariado Nacional de Liturgia de Portugal reúne mais de 700 textos produzidos no primeiro milênio cristão que abordam temas relacionados à liturgia. Uma fonte de referência excelente para quem se interessa por essa área.

FLORES, J. J. **Introdução à teologia litúrgica**. São Paulo: Paulinas, 2006.
Essa obra trata do desenvolvimento da compreensão teológica da liturgia, partindo da concepção das primeiras comunidades até o progressivo obscurecimento de uma abordagem teológica da liturgia no segundo milênio e o seu renascimento com o movimento litúrgico.

FRANCISCO, Papa. **Discurso do Papa Francisco aos participantes da 68ª Semana Litúrgica Nacional**. 24 ago. 2017. Disponível em: <http://w2.vatican.va/content/francesco/pt/speeches/2017/august/documents/papa-francesco_20170824_settimana-liturgica-nazionale.html>. Acesso em: 12 abr. 2018.
Nesse discurso altamente programático, o Papa Francisco faz uma síntese muito clara do trajeto do movimento litúrgico, sobretudo no que diz respeito à atuação dos papas, e indica alguns pontos para que uma liturgia viva gere uma Igreja viva.

FRANCISCO, Papa; BENTO XVI, Papa. **Comemoração do 65º aniversário da ordenação sacerdotal do Papa Emérito Bento XVI**. 28 jun. 2016. Disponível em: <https://w2.vatican.va/content/francesco/pt/speeches/2016/june/documents/papa-francesco_20160628_65-ordinazione-sacerdotale-benedetto-xvi.html>. Acesso em: 12 abr. 2018.
Nas poucas palavras que pronunciou em uma comemoração pelo seu aniversário de sacerdócio, o já papa emérito, na presença do Papa Francisco, voltou à ideia da eucaristia como sacramento das transformações, em ordem à "transubstanciação do mundo".

GERHARDS, A.; KRANEMANN, B. **Introdução à liturgia**. São Paulo: Loyola, 2012.

O tema desse livro é a ciência da liturgia. Trata-se de um amplo e aprofundado estudo que se detém no desenvolvimento dessa disciplina e, para isso, aborda diversos aspectos históricos, antropológicos, teológicos e celebrativos da liturgia sob um ponto de vista bastante científico.

JOHNSON, C.; JOHNSON, S. **O espaço litúrgico da celebração**: guia litúrgico prático para a reforma das igrejas no espírito do Concílio Vaticano II. Tradução de José Raimundo de Melo. São Paulo: Loyola, 2006.

Os autores procuram traduzir nessa obra as orientações e intuições, bem como a própria teologia do Concílio Vaticano II, em apontamentos a respeito da disposição do espaço celebrativo. Assim, a obra se propõe a ser o que diz o seu subtítulo: um guia para que a arquitetura das igrejas seja repensada de acordo com a reforma litúrgica conciliar.

JUNGMANN, J. A. **Missarum Sollemnia**. São Paulo: Paulus, 2008.

Nessa obra, o jesuíta J. A. Jungmann apresenta a sua extensa, aprofundada e séria pesquisa sobre o desenvolvimento do rito romano no decorrer dos séculos. Publicada pela primeira vez em 1948, essa obra serviu de referência para a reforma litúrgica do Concílio Vaticano II.

JUST, F. **Lectionary Statistics**. 2009. Disponível em: <http://catholic-resources.org/Lectionary/Statistics.htm>. Acesso em: 12 abr. 2018.

Em sua página *Catholic Resources*, o jesuíta Felix Just apresenta excelentes recursos para variadas áreas da teologia e da pastoral. Suas análises, pesquisas e tabelas que contemplam aspectos ligados à liturgia são de grande ajuda para a nossa compreensão.

MARSILI, S. **Sinais do mistério de Cristo**: teologia litúrgica dos sacramentos, espiritualidade e ano litúrgico. São Paulo: Paulinas, 2009.

Salvatore Marsili foi um importante teólogo da liturgia do século XX. Este livro aborda a teologia sacramental, detendo-se sobre o tema da sacramentalidade e sobre a teologia e o desenvolvimento histórico dos sacramentos de iniciação cristã e de cura e do ano litúrgico.

PAULO VI, Papa. **Omelia di Paolo VI**. 7 maio 1964. Disponível em: <https://w2.vatican.va/content/paul-vi/it/homilies/1964/documents/hf_p-vi_hom_19640507_messa-artisti.html>. Acesso em: 12 abr. 2018.

Em pleno Concílio Vaticano II, o Papa Paulo VI convocou uma delegação de artistas para um encontro especial na Capela Sistina, para, de alguma maneira, reatar uma "amizade" entre a arte e a Igreja que tinha sofrido alguns percalços. Esse belíssimo discurso marcou o momento.

RATZINGER, J. **Introdução ao cristianismo**: preleções sobre o símbolo apostólico. São Paulo: Loyola, 2005.

Uma das principais expressões da obra teológica de Joseph Ratzinger – o hoje Papa Emérito Bento XVI –, esse livro é uma reapresentação da fé cristã, a partir do credo apostólico, em diálogo com a contemporaneidade. O original é de 1967 e representa um esforço no mesmo sentido da preocupação fundamental do Concílio Vaticano II: anunciar a fé cristã aos homens e mulheres de hoje em atenção à sua situação cultural e histórica.

RATZINGER, J. **Introdução ao espírito da liturgia**. 4. ed. São Paulo: Loyola, 2015.

Nesse livro, publicado originalmente em 2000, Ratzinger apresenta sua concepção de diversas questões litúrgicas que estavam no centro de sua preocupação, desde a pergunta pela essência da própria liturgia – momento em que o livro bebe bastante da sua produção teológica anterior e alça maiores voos – até questões menores em que o então cardeal dá o seu parecer.

RATZINGER, J. **Teología de la liturgia**: la fundamentación sacramental de la existencia cristiana. Madrid: Biblioteca de Autores Cristianos, 2012. (Obras Completas, Tomo XI).

Nesse volume das obras completas de Joseph Ratzinger, estão reunidos os seus escritos sobre a liturgia. A maioria deles são pequenos artigos que muitas vezes trazem ideias penetrantes a respeito da realidade da liturgia e dos sacramentos.

ZEZINHO, Padre. **Catequese dos sinais**: a fé que vem pelos olhos. Aparecida: Catholicus, 2017.

Esse pequeno volume recolhe breves reflexões do consagrado Padre Zezinho, em tom bastante catequético, narrativo e informal. É certamente uma ajuda para catequistas e outros formadores de nossas comunidades.

Respostas

Capítulo 1

Atividades de autoavaliação

1. b
2. b
3. c
4. b
5. d

Capítulo 2

Atividades de autoavaliação

1. b
2. c
3. d
4. c
5. b

Capítulo 3

Atividades de autoavaliação

1. d
2. a
3. c
4. c
5. b

Capítulo 4

Atividades de autoavaliação

1. a
2. b
3. b
4. b
5. d

Capítulo 5

Atividades de autoavaliação

1. a
2. d
3. b
4. c
5. a

Capítulo 6

Atividades de autoavaliação

1. d
2. d
3. b
4. c
5. d

Sobre o autor

Felipe Sérgio Koller é mestre e doutorando em Teologia pela Pontifícia Universidade Católica do Paraná (PUCPR), além de bacharel em Filosofia. Além de jornalista, é professor do curso de bacharelado em Teologia do Centro Universitário Internacional (Uninter), na modalidade de educação a distância. Atua pastoralmente na formação para o exercício de ministérios litúrgicos desde 2007, na Diocese de São José dos Pinhais (PR). É coautor e ilustrador da série infantil A Alegria da Misericórdia e mantém o *blog* Acreditamos no Amor, no qual aborda assuntos ligados à vida da Igreja.

Impressão:
Maio/2018